租 税 理 論 研 究 叢 書 ·····························31

企業課税をめぐる
内外の諸課題

日本租税理論学会 [編]

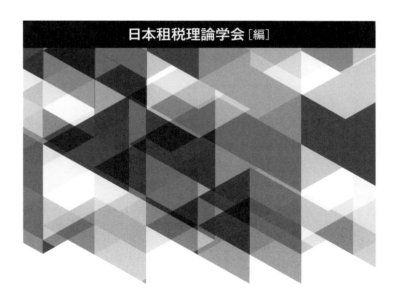

財経詳報社

租税理論研究叢書31「企業課税をめぐる内外の諸課題」によせて

　2020年度日本租税理論学会の役員会，研究大会および会員総会は，2020年11月28日（土）および29日（日）の両日，完全オンライン方式で開催された。当初，立正大学東京品川キャンパス（大会幹事：長島弘理事）でリアル開催する計画であった。しかし，新型コロナウィルスの感染状況（コロナ禍）を考慮し，企画運営委員会およびオンライン開催WGで慎重に検討した結果，オンライン開催に変更した。オンライン開催は，本学会でははじめての経験であった。にもかかわらず，本学会内部に設置された「情報メディア事務センター」による周到な準備もあり，つつがなく終えることができた。最終段階までリアル開催にご尽力いただいた長島理事，オンライン開催に向けて汗をかかれた学会事務局担当理事の方々には心からお礼を申し上げる。

　租税理論研究叢書31は，2020年度（第32回）研究大会でのシンポジウムの報告と質疑応答「討論」を収録したものである。

　2020年度の研究大会では，シンポジウムのテーマを「企業課税をめぐる内外の諸課題」とした。①「近年日本の地方法人2税の税源偏在と東京」（関野満夫会員），②「国際的デジタル企業課税と各国のデジタル企業課税の動向」（望月爾会員），③「コロナ禍と災害税制・被災者救援税制の課題」（岡田俊明会員），④「パンデミック下における国税通則法11条の適用を巡る諸問題」（高木英樹会員），⑤「ドイツにおけるコロナ危機下の税制支援」（奥谷健会員）について，それぞれ報告が行われた。

　関野報告では，地方法人2税（法人住民税，法人事業税）の自治体間税収格差，とりわけ東京都への税源偏在の問題について，財政学の視角からの鋭い分析をされた。

　望月報告では，国境のないデジタルエコノミー，プラットフォームエコノミーの拡大に伴うデジタル企業（デジタルプラットフォーマー）に対する国際課税や各国の課税の動きについて紹介された。2019年度に続く2回目の報告である。国際協調を掲げるアメリカのバイデン政権の誕生で，近く国際的な合意を得て着地点が見いだされるのではないか。

岡田報告では，コロナ禍という新型の「災害」に対する税制，被災者支援税制の課題について，課税実務の面から分析をされた。同じく，高木報告でも，コロナ禍を素材に，国税通則法 11 条（災害等による期限の延長）の適用について，行政手続法との関係や裁判例や学説の紹介を含め法の適用・解釈論を展開された。

　奥谷報告では，コロナ禍に対するドイツでの税制支援法（Corona-Steuerhilfegesetz）による付加価値税の減税措置（暫定的な税率引下げ）を中心に，同国での税制支援の現状を紹介された。その効果や執行面での課題の分析，さらにはわが国への示唆もされた。わが国でも，期間限定の消費税減税の声があがっている。期間限定型の消費税減税は，事業者への事務負担が重い。折しも消費税の適格請求書等保存方式（税額票方式）への移行も重なり，軽々には決しえないのではないか。

　これら一連の成果をさらに精査するうえで，各報告者の基礎的な研究「報告」に基づいて，研究者と実務家が一体となって多角的に議論が展開され，本叢書に収録された「討論」は貴重である。議論を深める質問をされた会員およびその質問に真摯に答えていただいた報告者の方々には，心からお礼申し上げる。

　シンポジウムが非常に充実したものになったのは，司会を務めていただいた望月爾理事および木村幹雄監事のお力によるところが大きい。ご両人に改めてお礼申し上げる。

　本学会理事の山本守之先生が，2020 年 11 月 28 日（土）午後の本学会役員会へのオンライン出席後の夜，急遽心筋梗塞でご逝去された。山本守之先生は，わが国の税務会計学界の重鎮であり，本学会の創設メンバーで，つねに私たちの良き師であった。ご指導を仰ぎたいことがたくさんあったのにと，痛惜の念でいっぱいである。会員一同，心からご冥福をお祈りしたい。

　末尾ながら，本学会の租税理論研究叢書の発行にご尽力いただいている財経詳報社，同社の宮本弘明社長に心からお礼申し上げる。

石村耕治（日本租税理論学会理事長）

目　次

I　シンポジウム　企業課税をめぐる内外の諸課題

■執筆者紹介（執筆順）

関野　満夫（せきのみつお）	中央大学教授
望月　爾（もちづきちか）	立命館大学法学部教授
岡田　俊明（おかだとしあき）	税理士
高木　英樹（たかぎひでき）	産業能率大学経営学部教授・税理士
奥谷　健（おくやたけし）	広島修道大学教授

Ⅰ　シンポジウム

企業課税をめぐる内外の諸課題

2020年 11 月 28・29 日　第 32 回大会（オンライン開催）

1 近年日本の地方法人2税の税源偏在と東京

関 野 満 夫
（中央大学教授）

はじめに

　近年，地方法人2税（法人住民税，法人事業税）については自治体間の税収格差とくに東京都への税源偏在が問題とされ，法人住民税と法人事業税の税率引き下げと，その税率引き下げによる税収分の地方譲与税化と地方交付税原資化という，税源偏在是正措置が実施された。これは端的にいえば東京都の地方税収の一部を全国の自治体財政全体に均てん化する試みである。[1] 本稿では，この税源「均てん化措置」の是非について直接論じることはしないが，そうした地方法人2税の税源格差を生み出している東京経済の構造的特徴について検討することにしたい。その際，「県民経済計算」による県内総生産，県民所得や税務統計を利用して，東京都と他の大都市府県との比較に留意したい。

I　地方税収の自治体格差と東京

　まず，表1で都道府県別にみた人口1人当り地方税額（道府県税，市町村税）の指数（全国平均＝100）を比較してみよう。これによれば，①東京の地方税額は全国平均の1.6倍もあり，最小県の2.4倍もあること，②とくに地方法人2税は全国平均の2.5倍もあり，最小県の6.0倍もあること，③個人住民税，固定資産税についても東京は全国平均の1.6倍もあること，がわかる。つまり，人口1人当り地方税額でみると，東京の優位性は明らかであり，とりわけ地方法人2税での優位性は顕著に示されている。なお，地方消費税については，各県の「消費相当額」で清算配分されていることもあって地域間格差は小さく，東京の水準も全国平均の1.1倍にとどまっている。

表1　人口1人当り税収額の指数（2013～17年度平均）（平均＝100）

	地方税 (37.3兆円)		個人住民税 (12.0兆円)		地方法人2税 (5.9兆円)		地方消費税 (4.0兆円)		固定資産税 (8.8兆円)	
上位4県	東京	163.4	東京	161.6	東京	250.7	東京	110.5	東京	157.2
	愛知	117.8	神奈川	128.4	愛知	135.2	北海道	107.6	愛知	116.9
	神奈川	106.3	愛知	114.6	大阪	120.2	静岡	104.5	福井	110.2
	大阪	103.6	千葉	110.6	静岡	97.9	富山	104.4	静岡	109.1
下位4県	沖縄	68.6	沖縄	61.9	奈良	41.6	沖縄	92.4	長崎	67.8
	長崎	69.6	秋田	62.9	長崎	52.2	埼玉	92.5	秋田	70.6
	秋田	70.2	青森	64.7	鹿児島	53.1	兵庫	92.6	奈良	71.2
	高知	71.4	宮崎	64.8	高知	53.6	神奈川	93.8	高知	72.5
最大/最小	2.4倍		2.6倍		6.0倍		1.3倍		2.3倍	

出所）『地方財政白書』平成31年度版。

　さて，地方法人2税については，東京の税収力が抜きん出て高く自治体間の格差も大きい。これは地方法人2税が当該地域の法人所得や法人経済活動の規模を課税ベースにしているからである。具体的にいうと，都道府県・市町村が課税する法人住民税には，国税法人税額を課税ベースとする法人税割と資本金額・従業員数に応じた均等割がある。複数自治体で活動する法人の法人税割は，事務所等の従業者数に基づく分割基準によって配分される。一方，都道府県が課税する法人事業税では，①資本金1億円以上の法人の場合には所得割と並んで外形標準課税の付加価値割，資本割が，②資本金1億円未満の法人については所得割のみが，③電気・ガス，保険業の法人には収入割が，課税されている[2]。

　さて，この地方法人2税に関連しては近年，「地方財政力の格差是正」や「都市と地方の支え合い」を名目にして，重大な制度変更がなされてきた。以下，簡単にみてみよう[3]。

　法人住民税（法人税割）については，もともと税率17.3％（市町村12.3％，県5.0％）で課税されていたが，消費税が5％から8％（地方消費税1.0％→1.7％）に増税されたことを受けて2014年度改正では税率は12.9％（市町村税9.7％，県3.2％）に引き下げられ，差し引き税率4.4％分は地方法人税（国税）として地方交付税財源に回された。さらに，消費税率10％（地方消費税2.2％）を想定した2016年度改正では法人住民税率は7.0％（市町村6.0％，県1.0％）に引き下げられ，税率10.3％分が地方法人税（国税）として地方交付税の財源に回され

ることになった。

　一方，法人事業税については，2008年度改正により全国の法人事業税収5.8兆円のうち2.6兆円分（地方消費税1％相当分）を地方法人特別税（国税）に振り替え，地方譲与税として人口・従業者数に応じて都道府県に譲与されることになった。2014年度より地方法人特別税の規模は2/3に縮小された。さらに，2019年度改正により地方法人特別税は廃止され，新たに法人事業税収の約3割（1.8兆円）に相当する特別法人事業税（国税）が導入されて，人口基準で都道府県に譲与されることになった（地方交付税不交付団体への譲与制限あり）。また，2014～18年度の法人事業税の税率は，外形標準課税が適用される資本金1億円以上の法人の場合，所得割3.6％，付加価値割1.2％，資本割0.5％であり，資本金1億円未満の法人は所得割9.6％，収入割法人は収入金額の1.3％であった。

　このように法人住民税と法人事業税においては，本来は地方税収として各自治体に直接帰属する税収部分が縮小され，地方交付税および地方譲与税の財源として再分配されてきたのである。先にみたように地方法人2税は地域間の税収格差が大きい地方税であるが故に，このような措置は地方税源の偏在是正，地方財政力の格差是正に寄与することは間違いない。逆に言えば，地方法人2税の税収力がもともと豊かな都市部自治体とくに東京都にとっては，こうした措置によって大きな税収減という影響を受けることになった。つまり東京都は法人事業税の一部地方譲与税化によって2009～14年度において毎年度1000～2000億円の税収減を，法人住民税の一部地方交付税原資化の始まる2015年度以降には毎年度4000億円規模の税収減を被るようになった[4]。また，東京都は地方交付税の不交付団体であるので，法人住民税の地方交付税原資化の恩恵を受けることもない。

　ところで，法人事業税については2019年度以降の特別法人事業譲与税の導入にともなって所得割の税率がさらに引き下げられる。資本金1億円以上の外形標準課税法人は3.6％から1.0％へ，資本金1億円未満の非外形標準課税法人は9.6％から7％へ，収入割法人は1.3％から1.0％への引き下げである。法人事業税（所得割）の税率引き下げと特別法人事業譲与税の導入によって，地

方法人2税の税収偏在是正はさらに進む可能性がある。総務省の見込みによれば，地方法人2税の人口1人当り地方税額格差（最大/最小）は6.0倍であるが，特別法人事業譲与税導入後の地方譲与税収も加味すれば格差は3.15倍に縮小し，人口1人当り県内総生産額の格差3.17倍に概ね合致するような水準に是正されるという[5]。

II　東京都と大都市府県の地方法人2税

　前節では，東京の地方税収力が高くとくに地方法人2税の税収力が抜きん出て高いこと，そのために地方法人2税の税源偏在是正措置も導入されてきたことをみてきた。続いて本節では，東京都の地方税とくに地方法人2税の税収力の実態を，2000年代以降から今日までの長期的推移と，他の大都市府県の税収力との比較を通じて，より詳しく検討してみよう。

　表2は東京都の人口，名目GDP，地方税額の全国シェアの推移（2006～17年度）を示したものである。なおここでの地方税とは，東京都内で徴収される都税，特別区税，市町村税の合計である。ここからは次のことがわかる。

　第1に，東京都の人口シェアは2006年度の9.9％から2017年度の10.8％へ

表2　東京都の全国シェア　　　　　　（％）

年度	人口	名目GDP	地方税総額	個人住民税	地方消費税	法人住民税	法人事業税
2006	9.9	19.1	17.9	17.4	13.4	28.1	25.0
2007	10.0	19.1	17.9	16.2	13.6	29.3	25.9
2008	10.1	19.5	17.7	16.4	13.3	29.4	25.2
2009	10.2	19.4	16.9	16.4	14.6	28.8	25.3
2010	10.3	19.2	16.8	16.5	13.3	26.9	24.8
2011	10.3	19.5	16.8	16.6	13.8	26.4	24.0
2012	10.4	19.5	17.0	16.3	13.8	27.8	24.2
2013	10.4	19.4	17.4	16.5	13.2	29.7	25.5
2014	10.5	19.3	17.6	16.9	13.6	28.6	24.2
2015	10.6	19.2	17.7	17.0	14.1	29.3	25.4
2016	10.7	19.0	17.8	17.2	13.5	30.3	25.7
2017	10.8	—	17.7	17.2	13.7	29.8	25.3

注）東京都の各税収シェアは都税と区市町村税の合計。
出所）「東京都税務統計年報」。名目GDPは「県民経済計算」。

と一貫して上昇していることである。日本の総人口は減少傾向にあるものの東京への人口一極集中は進んでいるのである。

　第2に，名目GDPのシェアは2006年度の19.1％から2011, 12年度の19.5％まで上昇したものの，それ以降は微減傾向になり2016年度は19.0％である。それでも人口シェア10％前後の東京都が日本の経済活動の19％台のシェアを占めていることは注目すべきである。

　第3に，地方税総額のシェアは17〜18％前後であり名目GDPのシェアよりもやや低い水準にある。それでも人口シェアの約1.7倍の水準であり，東京都への地方税収の集中という事実が示されている。またよくみると，2006〜08年度の18％弱から2009〜12年度には17％弱に低下したが，2013〜17年度には17％台後半へとやや上昇していることがわかる。

　第4に，個人住民税での東京都のシェアは17％前後であり，地方税総額のシェアよりやや低い水準にある。なお，2006年度に17.4％あったシェアが2007〜13年度には16％台に低下しているのは個人住民税率（標準税率）が従来の累進税率（5, 10, 13％）から2007年度より比例税率の10％（区市町村民税6％，都民税4％）に変更された影響もあろう。

　第5に，地方消費税での東京都のシェアは13〜14％程度であり，人口シェアよりも高いが名目GDPシェアよりも低い。これは消費税の一部として事業者が納税した地方消費税が，「消費相当額」に対応した指標に基づき各県に清算配分されているからである。

　第6に，地方法人2税での東京都の全国シェアは極めて高く，法人住民税で30％弱，法人事業税で25％前後に達している。詳しくみると，法人住民税のシェアは2006〜09年度に28〜29％であったが，2010〜12年度には26〜27％にやや低下し，2013〜17年度には29〜30％に再び上昇している。一方，法人事業税も2006〜09年度の25％のシェアから2010〜12年度には24％台に低下するが，2013年度以降にはほぼ25％台のシェアを回復している。法人住民税（法人税割）と法人事業税（所得割）は景気動向に敏感な法人所得（ないし法人税額）を課税ベースにしているため，リーマンショック（2008年）前後の景気動向を反映した推移といえよう。いずれにせよ東京都の地方法人2税のシェアは，人

口，名目 GDP のシェアよりも数段高く，東京都の地方税総額の全国シェアを牽引してきたことが確認できる。

次に東京都と他の大都市府県の地方税収入を比較して東京都の特徴を明らかにしてみよう。表3は東京都とその周辺3県（神奈川，千葉，埼玉）および愛知県，大阪府の地方税収額（2017年度）を比較したものである。ここでの地方税収額は各都府県での道府県税と市町村税の合計であり，当該地域での地方税収力総体が示されている。

東京都と周辺3県をまず比較すると次のことが判明する。①人口1人当り地方税額では東京都は51万円であり，周辺3県の26〜32万円の1.6〜2.0倍の高さにある。②地方法人2税の税収額では東京都は1.9兆円であり周辺3県の0.2〜0.4兆円の4〜8倍の規模もある。③地方税収に占める地方法人2税の比重をみても東京都の27％に対して周辺3県は12〜14％にすぎない。④つまり，東京都と周辺3県は東京都市圏（首都圏）として密接な経済的関連を有しているが，地方法人2税はもっぱら東京都に集中しているのである。

大都市圏の中心都市としての性格を共通にもつ東京都と愛知県，大阪府を比較すると次のことがわかる。①東京都の1人当り地方税収額51万円は愛知県，大阪府の35万円の1.5倍もある。②地方法人2税の税収額でも東京都の1.9兆円は大阪府（0.6兆円），愛知県（0.5兆円）の3〜4倍に達する。③地方税収での地方法人2税の比重も東京都の27％に対して，愛知県18％，大阪府20％

表3　6都府県での地方税収額の状況（2017年度）　　　（10億円）

	東京	愛知	大阪	神奈川	千葉	埼玉
地方税総計	7,061	2,653	3,088	2,977	1,974	1,910
個人住民税	2,203	866	843	1,163	689	792
法人住民税	889	197	270	173	95	105
法人事業税	1,009	279	356	255	138	136
（法人2税計）	(1,898)	(476)	(626)	(428)	(233)	(241)
固定資産税	1,484	622	651	689	407	456
法人2税のシェア（％）	26.9	17.9	20.3	14.4	11.8	12.6
1人当り地方税額（千円）	513	353	350	325	316	261

注）各都府県における道府県税と市町村税の合計。
出所）「東京都税務統計年報」平成29年度，より作成。

であり，東京都の水準には及ばない。④つまり，大都市圏中心都市の中でも東京都の地方税収力とくに地方法人２税の税収額は群を抜いていることがあらためて確認できる。

　さて，東京都の地方法人２税の税収力が大きいのは，基本的には法人企業による経済活動や法人所得が東京により多く集中しているからである。そこで次節では，実際の県内総生産，県民所得，法人所得の数値から東京経済の特徴を検証し，東京都の地方法人２税の経済基盤を明らかにしよう。

Ⅲ　地方法人２税での東京集中の経済基盤

1　県内総生産からみた東京都の特徴

　県内総生産（GDP）とは，当該地域内での企業・個人など経済主体による１年間の付加価値生産額（［産出額］－［中間投入額］）の合計であり，各県での経済活動の規模・成果を表している。表４は東京都を含む大都市６都府県の2006年度，2016年度の県内総生産とその全国シェアを示している。東京都の県内総生産額は約104兆円でその全国シェアは約19％である。大阪府，愛知県の県内総生産額は約39兆円，全国シェアは約７％であり，東京都の経済規模は両府県の2.6倍もあることになる。一方，東京都の周辺３県では，神奈川県の県内総生産額は約35兆円で東京都の３分の１程度，千葉県，埼玉県は約20兆円で

表４　６都府県の県内総生産

(兆円)

	県内総生産		構成比（％）	
	2006年度	2016年度	2006年度	2016年度
東京都	104.8	104.5	19.1	19.0
神奈川県	34.8	34.6	6.4	6.3
千葉県	19.9	20.4	3.6	3.7
埼玉県	21.8	22.7	4.0	4.1
愛知県	39.5	39.4	7.2	7.2
大阪府	39.9	39.0	7.3	7.1
全　国	547.5	549.9	100.0	100.0

出所）「県民経済計算」より作成。

東京都の５分の１程度の経済規模ということになる。

　次に表５は，2016年度の東京都，愛知県，大阪府の県内要素所得を示している。［県内要素所得］は，［県内総生産額］から［固定資本減耗］と［生産・輸入品に課される税，補助金（控除）］を差し引いたものである。そしてこの［県内要素所得］は，従業員給与等の［県内雇用者報酬］と企業利潤等の［営業余剰・混合所得］から構成される。なお［営業余剰・混合所得］には，個人企業の自営業所得や持ち家の帰属家賃も含まれているので，すべてが企業利潤＝法人所得になるというわけではないが，その多くは企業利潤に分配される要素所得と考えてよいであろう。さて，表５によれば，東京都の県内総生産額104兆円のうち県内要素所得となるのは81兆円である。そしてこれは，県内雇用者報酬53兆円（65％），営業余剰・混合所得28兆円（35％）から構成されている。とくに注目すべきは，東京都の営業余剰・混合所得の全国シェアが22.7％もあり，県内雇用者報酬（19.8％），県内要素所得（20.7％）のシェアよりも２〜３ポイント上回っていることである。これは東京への企業利潤の集中を反映する数値といえよう。ちなみに，愛知県や大阪府での営業余剰・混合所得の全国シェアは，県内要素所得のシェアと同等か，下回っている状況である。

表５　３都府県の県内総生産と全国シェア
（2016年度）（上段：兆円，中・下段：％）

	県内総生産	県内要素所得	県内雇用者報酬	営業余剰・混合所得
東京都	104.5	81.3	52.9	28.4
愛知県	39.4	27.5	18.7	8.7
大阪府	39.0	27.8	21.2	6.6
全　国	549.9	392.4	267.4	125.0
東京都	—	100.0	65.0	34.9
愛知県	—	100.0	68.0	31.7
大阪府	—	100.0	76.2	23.8
全　国	—	100.0	68.1	31.9
東京都	19.0	20.7	19.8	22.7
愛知県	7.2	7.0	7.0	7.0
大阪府	7.1	7.1	7.9	5.3
全　国	100.0	100.0	100.0	100.0

出所）「県民経済計算」より作成。

　さらに，東京都の県内総生産を産業部門別（経済活動別）にみてみよう。表6は，2016年度の全国と東京都の経済活動別県内総生産の構成を比較したものである。東京都での主要な経済活動が，卸売・小売業（19.9％），不動産業（11.6％），専門・科学技術，業務支援サービス業（11.4％），情報通信業（10.6％），金融・保険業（9.0％）などサービス経済分野であることがわかる。全国の構成比では製造業が21.4％でトップであるが，東京都では8.5％にとどまっている。また，経済活動別の東京都の全国シェアでみても，情報通信業（41.5％），金融・保険業（36.5％），卸売・小売業（30.1％），専門・科学技術，業務支援サービス業（28.6％）という分野での集中度が高くなっており，現代的なサービス経済での東京都の優位性が示されている。

　そこで次に，表7で上記4業種での県内要素所得の全国シェアを東京都と愛知県，大阪府で比較してみよう。同表によると次のことがわかる。①卸売・小売業と専門・科学技術，業務支援サービス業では，東京都の営業余剰・混合所得の全国シェアは43〜44％であり，県内要素所得の全国シェア30〜31％より

表6　経済活動別県内総生産（2016年度）　　　　　（10億円，％）

	県内総生産		構成比		B/A
	全国（A）	東京都（B）	全国	東京都	
製造業	117,801	9,235	21.4	8.5	7.8
電気・ガス・水道業・廃棄物処理業	16,011	1,683	2.9	1.6	10.5
建設業	31,103	5,721	5.7	5.5	18.4
卸売・小売業	69,169	20,808	12.6	19.9	30.1
運輸・郵便業	27,764	4,803	5.0	4.6	17.3
宿泊・飲食サービス業	13,738	2,437	2.5	2.3	17.7
情報通信業	26,577	11,029	4.8	10.6	41.5
金融・保険業	23,668	8,642	4.3	9.0	36.5
不動産業	64,370	12,106	11.7	11.6	18.8
専門・科学技術，業務支援サービス	41,466	11,862	7.5	11.4	28.6
公務	24,405	4,191	4.4	4.0	17.2
教育	21,102	3,201	3.8	3.1	15.2
保健衛生・社会事業	40,066	4,127	7.3	3.9	10.3
その他サービス業	23,933	4,409	4.3	4.2	18.4
県内総生産	549,866	104,470	100.0	100.0	19.0

　出所）「県民経済計算」より作成。

表7　3都府県の4業種・県内総生産（要素所得）の全国シェア
（2016 年度）　　　　　　　　　　　　　　　（％）

	都府県	県内総生産	県内要素所得	県内雇用者報酬	営業余剰・混合所得
卸売・小売業	東京都	30.0	31.1	23.7	44.0
	愛知県	6.9	6.9	8.1	4.9
	大阪府	9.2	9.4	10.1	8.2
情報通信業	東京都	41.5	43.9	51.0	31.2
	愛知県	4.7	4.7	3.9	6.1
	大阪府	8.6	8.6	9.5	7.2
金融・保険業	東京都	36.5	36.5	36.3	36.5
	愛知県	4.8	4.8	5.0	4.6
	大阪府	6.9	6.9	9.1	4.8
専門・科学技術，業務支援サービス業	東京都	28.6	30.2	26.6	43.1
	愛知県	6.0	6.1	8.5	−2.2
	大阪府	8.4	8.7	7.6	12.6

出所）「県民経済計算」より作成。

相当に高い。②金融・保険業では，東京都の全国シェアは県内要素所得，営業余剰・混合所得ともに 36％台で同水準であるが，全国での優位性は示されている。③情報通信業では，東京都の営業余剰・混合所得の全国シェアは 31％であるが，県内要素所得の全国シェア 44％を下回っている。この分野では，むしろ県内雇用者報酬の全国シェアが 51％と突出していることが目立つ。④愛知県，大阪府の営業余剰・混合所得での全国シェアは一部を除いて県内要素所得を下回っている。⑤全体として，東京都の主要産業であるこの4業種での営業余剰・混合所得の全国シェアでは，東京都の優位性が顕著である。

　以上のことから，東京都における県内総生産や営業余剰・混合所得の全国シェアの高さは，その多くを現代的なサービス経済分野での東京都への集中，東京都の優位性によって形成されていると考えられよう。

2　県民所得からみた東京都の特徴

　県内総生産として各地域で生産された付加価値額は，最終的には就業者（家計）・企業に対して県民雇用者報酬，財産所得，企業所得として分配され，それらの合計が県民所得として計算される。いま表8で，大都市6都府県の人口

表8 人口1人当り県民所得の推移

	県民所得額（千円）			全国平均＝100		
	2006 年度	2010 年度	2016 年度	2006 年度	2010 年度	2016 年度
東京都	5,973	5,124	5,348	186	174	166
神奈川県	3,257	3,014	3,180	101	102	99
千葉県	2,996	2,790	3,020	93	95	94
埼玉県	2,887	2,714	2,958	90	92	92
愛知県	3,733	3,120	3,633	116	106	113
大阪府	3,240	2,889	3,056	101	98	95
全国平均	3,217	2,950	3,217	100	100	100

出所）「県民経済計算」より作成。

　1人当り県民所得の推移をみてみよう。全国平均＝100とすると東京都の1人当り県民所得は2006年度186，2010年度170，2016年度166へとやや低下傾向にある。それでも東京都は全国平均の1.6倍強の水準を維持しており，他の5府県が0.9～1.1倍の水準にあるのと比較しても県民所得での東京都の優位性は不変であるといえよう。

　次に，表9は同じ6都府県の2016年度の県民所得の構成を比較したものである。東京都に注目すると次のような特徴がある。①企業所得とくに民間法人企業の所得の比重が高い。県民所得73兆円うち19兆円が民間法人企業所得であり，その構成比は26％以上になる。②財産所得（非企業部門）が8兆円もあ

表9 6都府県の県民所得（2016年度） （兆円）

	県民所得 (A)	県民雇用者報酬 (B)	財産所得 (C)	企業所得	うち民間法人企業 (D)	B/A (%)	C/A (%)	D/A (%)
東京都	72.8	38.3	8.1	26.5	19.2	52.6	11.1	26.4
神奈川県	29.1	22.6	1.8	4.6	1.4	77.7	6.2	4.8
千葉県	18.8	13.9	0.9	4.0	2.0	73.9	4.8	10.6
埼玉県	21.6	15.9	1.2	4.5	2.1	73.6	5.5	9.7
愛知県	27.3	18.2	1.3	7.8	5.4	66.7	4.8	19.8
大阪府	27.0	19.1	1.6	6.3	3.8	70.7	5.9	14.1
全　国	408.4	268.2	26.1	114.0	71.6	65.7	6.4	17.5
東京のシェア（％）	17.8	14.3	31.0	23.2	26.8	—	—	—

出所）「県民経済計算」より作成。

り，県民所得の11％も占めている。他の5府県での構成比は4～6％程度であり，東京都の高さは突出している。ちなみに東京都の財産所得8.1兆円（受取11.1兆円，支払3.0兆円）の内訳（家計のみ）は，利子1.3兆円，配当2.6兆円，その他投資所得2.9兆円，賃貸料1.7兆円であった。⁶⁾③逆に，東京都の県民所得に占める県民雇用者報酬の比重は53％であり，他の5府県が67～78％であるのと比較すると低い。これは東京都の場合，企業所得，財産所得の比重が高いが故のこともあるが，いま一つには後述のように東京圏特有の通勤就業構造も反映している。④全体として東京都では，県民所得でも企業所得，財産所得の比重が他府県よりも高い。これは，東京都の1人当り県民所得を高くしている重要な要因である。そしてこのことはまた，先にみた県内総生産での営業余剰・混合所得の比重が高かったことの結果でもある。⑤東京都の全国シェアでみると，県民所得総額では18％弱であるが，財産所得では31％，民間法人企業所得でも27％弱も占めている。県民所得レベルでも民間法人企業所得の東京集中度は高いのである。

　さて，東京都の県民所得において県内雇用者報酬の比重が比較的に低かった要因の一つには，通勤就業面での東京大都市圏の大きさもあろう。表10は，2016年度の東京，愛知，大阪の各大都市圏での各県の県内雇用者報酬と県民雇

表10　県内雇用者報酬と県民雇用者報酬
（2016年度）　　　　（兆円）

	県内 雇用者報酬	県民 雇用者報酬	差引
東京都	52.9	38.3	−14.6
神奈川県	17.5	22.6	＋5.1
千葉県	9.3	13.9	＋4.6
埼玉県	10.8	15.9	＋5.1
愛知県	18.8	18.2	−0.6
岐阜県	3.6	4.0	＋0.4
大阪府	21.2	19.1	−2.1
大阪市	9.4	7.3	−2.1
奈良県	1.7	2.4	＋0.7
兵庫県	9.6	10.6	＋1.0

出所）「県民経済計算」より作成。

用者報酬を比較したものである。東京都の県民雇用者報酬は県内雇用者報酬を約15兆円も下回っている。これは企業従業員が東京都内で就業して県内総生産（県内雇用者報酬）に貢献しても，県民所得（県民雇用者報酬）として分配されるのは従業員の居住する都県になるからである。東京都の場合，都内に就業する従業員の相当部分が周辺県に居住しているため，県民雇用者報酬としては周辺県に流出することになる（純流出分が約15兆円）。逆に，周辺の神奈川，千葉，埼玉では県民雇用者報酬が県内雇用者報酬を各々5兆円ほど上回っており，東京都からの純流出分15兆円を吸収している。愛知，大阪の大都市圏でも中心都市と周辺県では同様の関係がみられるが，東京圏に比べるとその規模は小さくなっている。

　確かに東京都での雇用者報酬の流出は県民所得でのマイナスになるが，それ以上に重要なのは，このように周辺県から多数の就業者を集めているからこそ東京都内で巨大な経済活動を展開して，大きな県内総生産，高い県民所得，民間法人企業所得の東京集中，を実現しているという事実であろう。

3　法人所得からみた東京都の特徴

　以上では「県民経済計算」の数値から，東京都では県内総生産での営業余剰・混合所得が大きいこと，また県民所得での企業所得（民間法人所得）が大きいことが確認された。もちろんこれらが，法人税（国税）や地方法人2税の直接的な課税ベースになるわけではない。しかし，東京都での地方法人2税の主要な課税ベースとなる豊かな法人所得は，このような経済的基盤から形成されることになる。そこで最後に，「国税庁統計年報」と「東京都税務統計年報」を利用して実際に課税対象とされた法人所得の動向や地方法人2税の課税実績から，東京都の特徴をとらえてみよう。

　表11は法人税の課税対象となる法人数とその所得金額を都道府県別（6都府県）についてみたものである（2018年度）。東京都の全国シェアに注目すると次のことが特徴的である。①東京都の法人数は60万社で全国287万社の21%（普通法人でもほぼ同じ）を占める。②東京都の法人所得額29.7兆円は全国の法人所得72.7兆円の41%を占める。連結納税法人分等を含まない普通法人だけ

表 11　都道府県別の法人数，法人所得額（2018 年度）　　（千社，兆円）

	申告法人数			所得額		
	全　体	普通法人	外国法人（社）	全　体	普通法人	外国法人（億円）
東京都	600	573	3,976	29.7	28.6	4,255
神奈川県	182	172	227	2.0	2.0	95
千葉県	108	102	97	1.1	1.1	22
埼玉県	134	128	64	1.1	1.0	5
愛知県	162	153	23	3.6	3.5	3
大阪府	239	228	133	6.4	6.3	13
連結法人	2	―	―	13.7	―	―
全国	2,873	2,692	5,253	72.7	57.0	4,487
東京都のシェア	20.9%	21.3%	75.7%	40.9%	50.1%	94.8%

出所）「国税庁統計年報」より作成。

では，東京都のシェアは 50％になる。③全国の外国法人 5,253 社のうち 76％
は東京都に立地し，その法人所得 4487 億円のうち 95％は東京都に帰属してい
る。④つまり，東京都には全国の法人数の 21％が集中しているが，それ以上に
全国の法人所得の実に 40％（ないし 50％）が集中していることになる。

　さらに表 12 は法人所得額の推移（1975〜2018 年度）を全国および東京都・大
阪府・連結納税法人に分けて示したものである。この表からは次のことがわか
る。①東京都の法人所得の全国シェアは 1975 年度以降一貫して 40％前後を占

表 12　法人所得額の推移

年度	法人所得額（10 億円）				法人所得額でのシェア（％）		
	全　国	東京都	大阪府	連結法人	東京都	大阪府	連結法人
1975	12,239	4,820	1,769	―	39.4	14.5	―
1980	23,444	9,729	3,384	―	41.5	14.4	―
1985	32,378	13,776	4,746	―	42.5	13.8	―
1990	53,391	23,465	7,881	―	43.9	14.8	―
1995	34,498	13,011	4,317	―	37.7	12.5	―
2000	39,683	17,145	5,127	―	43.2	12.9	―
2005	45,664	20,271	5,042	1,620	44.4	11.0	3.5
2010	35,685	15,073	3,825	2,371	42.2	10.7	6.6
2015	61,040	24,968	5,370	10,317	40.9	8.8	16.9
2018	72,775	29,738	6,441	13,739	40.9	8.9	18.9

出所）「国税庁統計年報」より作成。

めていること，②逆に大阪府の全国シェアは1990年度までは14％前後あった
ものの，その後は低下傾向にあり2010年代には9％弱に縮小している。③一方，
2003年度から開始された連結納税法人の全国シェアは上昇傾向にあり，2018
年度には19％弱になっている。

　法人税（国税）の場合はすべてが国家税収になるので，法人本社・法人所得
がどの都道府県で立地・発生するかは問題にはならない。しかし，地方法人2
税の場合には，その都道府県内に法人本社が立地し，従業員数が多く法人所得
（利潤）が大きい企業が活動しているほど税収額が多くなる。東京都には全国の
法人所得の40％（ないし50％）が集中しており，これが東京都での地方法人2
税の高い全国シェア（法人住民税30％弱，法人事業税25％，表2参照）の要因に
なっていることは間違いない。

　ただ，東京都の地方法人2税の全国シェアは法人所得の全国シェアよりもや
や低くなっている。その理由としては，①地方法人2税の税収は本社立地自治
体にのみ帰属するのではなく，事業所・工場等の立地自治体に対して従業員数
等に応じて税収配分されること，②法人住民税には法人税割だけでなく，すべ
ての立地自治体に納税される均等割が存在すること，③法人事業税は，所得割
のほかに付加価値割，資本割，収入割という外形標準課税部分が存在すること，
などが考えられる。とはいえ，本社機能が集中し大企業や法人所得が多い東京
都の地方法人2税での優位性は確固としている。

　これについて東京都の法人事業税の課税ベースの実態をみて確認しよう。ま
ず表13は，東京都の普通法人について2017年度の所得金額，付加価値額，資
本金等の額を業種別に示したものである。この表からは次のことがわかる。①
所得金額については，サービス業（27％），卸売・小売業（16％），製造業（14％），
金融業（10％），不動産業（10％）の比重が大きい。②付加価値額についても，
サービス業（25％），製造業（18％），卸売・小売業（17％）金融業（10％），の比
重が大きい。③資本金等の額については，製造業（20％），サービス業（17％），
金融業（16％），卸売・小売業（14％）の比重が大きい。④全体として，東京都
の法人事業税の課税ベースにおいては，サービス業，卸売・小売業，金融業，
不動産業，製造業の比重が大きいことがわかる。先に表6の経済活動別県内総

表 13 東京都・法人事業税での普通法人（業種別）の所得金額，付加価値額，資本金等の額（2017 年度）
(10 億円，%)

	所得金額		付加価値額		資本金等の額	
	金額	構成比	額	構成比	額	構成比
総計	15,255	100.0	24,023	100.0	34,855	100.0
建設業	875	5.7	1,276	5.3	1,012	2.9
製造業	2,190	14.4	4,307	17.9	6,816	19.6
卸売・小売業	2,411	15.8	3,990	16.6	4,913	14.1
金融業	1,593	10.4	2,401	10.0	5,697	16.3
証券業	614	4.0	1,131	4.7	3,085	8.9
保険業	79	0.5	85	0.4	116	0.3
	(2,935)	—	—	—	—	—
不動産業	1,490	9.8	1,336	5.6	2,372	6.8
運輸・通信業	1,177	7.7	2,015	8.4	3,129	9.0
電気・ガス供給業	471	3.1	1,019	4.2	941	2.7
	(756)	—	—	—	—	—
サービス業	4,056	26.6	6,041	25.1	6,047	17.3
その他産業	275	1.8	378	1.6	598	1.7

注）所得金額のカッコ内は収入金額。証券業には商品先物取引業を含む。農林魚業，鉱業の数値は省略した。
出所）「東京都税務統計年報」平成 29 年度，より作成。

生産でみた東京都の特徴との類似性も確認できる[8)]。次に，東京都への法人本社機能の集中による法人事業税への影響をみてみよう。表 14 は法人事業税の課税対象となる東京都内の普通法人の業種別所得金額を，都内法人，分割法人（都本店分，他府県本店分）に分けて示したものである（2017 年度）。この表からは次のようなことがわかる。①課税所得額 15.2 兆円（表 19）の法人別内訳では，都内法人 4.7 兆円（31%），都本店の分割法人 9.0 兆円（59%），他府県本店の分割法人 1.5 兆円（10%）であり，東京都に本社を置き全国展開している分割法人が課税所得の約 6 割を占めている。なお，東京都内だけで事業展開している都内法人が課税所得の 31% を占めていることも注目されよう。②都本店の分割法人の総所得額 23.5 兆円のうち東京都には本社機能等に基づき 9.0 兆円，全体の 38.2% が帰属し，東京都税の課税対象になっている。業種別では不動産業（49%），サービス業（49%），金融業（41%）などにおいてその水準は高い。③他府県本店の分割法人の総所得額 15.4 兆円のうち東京都に帰属するのは 1.5

表 14　東京都・法人事業税での普通法人・業種別所得金額の法人内訳（2017 年度）

(10 億円)

	都内法人	分割法人					
		東京都本店分			他府県本店分		
		所得総額（a）	都分（b）	b/a（%）	所得総額（c）	都分（d）	d/c（%）
総計	4,731	23,561	9,004	38.2	15,382	1,519	9.9
建設業	197	1,597	530	33.2	1,019	148	14.5
製造業	404	5,117	1,354	26.4	6,773	432	6.4
卸売・小売業	675	3,685	1,362	37.0	2,489	374	15.0
金融業	341	2,880	1,168	40.6	1,161	83	7.1
証券業	343	532	265	49.8	21	6	28.6
保険業	34	77	39	50.6	70	5	7.1
	(126)	(8,416)	(2,446)	29.1	(1,806)	(363)	20.1
不動産業	756	1,381	681	49.3	247	54	21.9
運輸・通信業	227	2,347	874	37.2	1,300	77	5.9
電気・ガス	29	1,201	439	36.6	126	4	3.2
	(323)	(6,356)	(428)	6.7	(9,600)	(6)	0.0
サービス業	1,620	4,522	2,211	48.9	1,358	225	16.6
その他産業	99	157	65	41.4	804	111	13.8

注）所得金額のカッコ内は収入金額。証券業には商品先物取引業を含む。農林魚業，鉱業の数値は省略した。
出所）「東京都税務統計年報」平成 29 年度，より作成。

兆円（9.9%）にとどまっている。その中では，不動産業（22%），サービス業（17%），卸売・小売業（15%）がやや高い水準を示している。

さらに，東京都と大阪府の法人住民税と法人事業税の課税実態を比較して，東京都の特徴ないし優位性をみてみよう。表 15 は 2016 年度の東京都と大阪府の法人住民税の課税状況である。東京都分には特別区での法人住民税も含まれているので，大阪府と大阪市の合計額と比較している。同表からは次のことがわかる。①法人所得を反映する法人税割が，大阪府の 1,566 億円に対して東京都は 7,643 億円で 5 倍近くある。②税額に占める法人税割の比重も東京都の 90% に対して大阪府は 82% とやや低い。③法人税割のうち都府内での本店立地に基づくものが，東京都の 88% に対して，大阪府は 50% にすぎず，本社機能での東京都の優位性が示されている。④逆に，本店立地や法人所得額（法人税）に関係しない均等割の比重では，東京都の 10% に対して大阪府は 17%（全国平均 20%）とやや高くなっている。

表15 東京都，大阪府の法人住民税（2016年度）

(億円)

	東京都	大阪府		
		計	大阪府	大阪市
税額（A）	8,492	1,901	689	1,223
均等割	849	346	160	186
法人税割（B）	7,643	1,566	529	1,037
都府内法人	1,671	—	92	—
分割法人（a）	5,835	—	425	—
うち都府内本店（b）	5,138	—	214	—
うち都府外本店	697	—	211	—
B/A （％）	90.0	82.4	—	—
b/a （％）	88.1	—	50.4	—

出所)「東京都税務統計年報」,「大阪府税務統計」,「大阪市税務統計」より作成。

　次に表16は，2016年度の東京都と大阪府の法人事業税の課税状況を示している。東京都の法人事業税額は9,859億円で大阪府の3,166億円の3.1倍である。とくに資本金1億円以上の外形標準課税対象法人からの税額の比重をみると，東京都の62％に対して大阪府は55％であり，東京都は大規模企業からより多くの法人事業税収を確保していることが示されている。

表16 東京都，大阪府の法人事業税
（2016年度） (億円)

	東京都	大阪府
税額（A）	9,859	3,166
所得課税分	3,298	1,263
収入課税分	388	155
外形標準課税分（B）	6,173	1,748
所得割	3,339	—
付加価値割	1,756	—
資本割	1,075	—
B/A （％）	62.6	55.2

出所)「東京都税務統計年報」,「大阪府税務統計」より作成。

Ⅳ　小　括

　地方法人2税の税収額において東京集中が著しいのは基本的には両税の課税ベースの主体となる法人所得の東京集中が著しいからである。本稿ではその経済基盤として次のことを確認してきた。①経済活動（名目県内総生産）での東京都のシェアは19％あるが，なかでも東京の主要産業である情報通信業，金融・保険業，卸売・小売業，専門・科学技術，業務支援サービス業という現代的サービス経済においては30〜40％の全国シェアを占めている。②県民所得での東京都の全国シェアは18％であるが，民間法人企業所得の全国シェアでは27％も占めている。③法人課税の課税ベースとなる法人所得では，普通法人の所得で40％，連結納税法人等を除くと50％の法人所得が東京都に集中している。これは法人企業（外国法人を含む）の本社機能の東京都への集中が顕著であることによる。④東京都の法人住民税，法人事業税の課税ベースの実態をみても，東京における本社機能の優越性や現代的サービス経済分野を中心にした法人所得の大きさが示されている。

　さて，最近の税源偏在是正措置によって，人口1人当りでみた地方法人2税相当額の地域間格差は，県内総生産額での地域間格差の水準に近いものになるという。これによって地方法人2税での税源偏在問題は当面は落ち着くかもしれないが，経済活動や法人所得の東京集中の構造は不変であり，地方税収格差という構造的問題は残っている。

参考文献

池上岳彦（2018）「地方税の「偏在是正」を超える改革」『都市問題』2018年12月号
井手英策（2018）「税収の偏在から税源の拡充へ」『都市問題』2018年12月号
植松利夫編（2020）『図説　日本の税制』令和元年度，財経詳報社
上村敏之（2018）「都市部における税源偏在の現状と課題」『都市問題』2018年12月号
国税庁「国税庁統計年報」各年度版
関野満夫（2019）「現代の地方税収と税源偏在問題」『住民と自治』2019年6月号
─────（2020）「東京一極集中にみる地方税財政の歪み」『住民と自治』2020年9月号
総務省（2018）「地方法人課税に関する検討会　─報告書─」2018年11月
総務省編（2019）『地方財政白書』平成31年版
総務省自治税務局（2019a）「解説　平成31年度税制改正を巡る議論について」『地方税』

2019 年 1 月号

総務省自治税務局（2019b）「地方税の現状と課題」令和元年 6 月

東京都税制調査会（2018）「平成 30 年度東京都税制調査会答申」2018 年 10 月

東京都主税局「東京都税務統計年報」各年度版

飛田博史（2018）「税源偏在是正と地方創生？」『都市問題』2018 年 12 月号

内閣府「県民経済計算」各年度版

沼澤弘平（2018）「解説　地方法人課税に関する検討会について」『地方税』2018 年 12 月号

注

1)　こうした措置の背景とねらいについては，総務省（2018）「地方法人課税に関する検討会　―報告書―」，沼澤（2018），総務省自治税務局（2019a）を参照。また，税源偏在是正をめぐっては，池上（2018），井手（2018），上村（2018），飛田（2018），東京都税制調査会（2018）「平成 30 年度東京都税制調査会答申」，などを参照されたい。

2)　植松編『図説　日本の税制』令和元年度版，参照。

3)　詳しくは，総務省自治税務局（2019）「地方税の現状と課題」令和元年 6 月，『図説　日本の税制』令和元年度版，参照。

4)　「平成 30 年度東京都税制調査会答申」，参照。

5)　「地方税の現状と課題」令和元年 6 月，参照。

6)　「県民経済計算」より。

7)　法人住民税の均等割は，資本金額・従業者数に応じて市町村の場合 5 ～300 万円（標準税率），道府県の場合 2 ～80 万円である（『図説　日本の税制』令和元年度版）。

8)　なお表 6 の県内総生産では，公務，教育，保健衛生で計 12％を占めていたが，この 3 業種の多くは課税対象からはずれるので，表 13，表 14 には登場しない。

2 国際的デジタル企業課税と各国のデジタル企業課税の動向
——OECD における「2つの柱」に関する議論を中心に——

望月　　爾
（立命館大学法学部教授）

はじめに

　近年，経済のデジタル化に伴い，GAFA（Google, Apple, Facebook, Amazon）に代表される，「プラットフォーマー（Platformer）」と呼ばれる多国籍の国際的デジタル企業が台頭しており，その巨額な利益をタックス・ヘイブンなどに移転して，租税回避を図る動きが拡大している[1]。OECD が 2015 年 10 月に BEPSプロジェクトの最終報告書の中で公表した試算によれば，このような国際的な租税回避によって，全世界で年間 1,000 億〜2,400 億ドル（全世界の法人税収の4 ％〜10%，約 10 兆〜25 兆円）に及ぶ法人税収が失われているものとされる[2]。

　デジタル化の進展により，このような国際的デジタル企業は，市場国に支店や営業所，工場等の恒久的施設（Permanent Establishment：PE）として物理的拠点がなくても事業を展開することができ，それらを課税上の「ネクサス（nexus）」とする従来からの国際課税の原則では対応できなくなっている現状がある。また，多国籍企業グループ内の国際取引に対しては，移転価格税制により取引価格を独立した企業間の「通常の価格（独立企業間価格：arm's length price)」で取引が行われたものとみなして各グループ企業の所得を計算し，グループ内の利益を各国間で配分するルールがとられてきたが，デジタル化により多国籍企業のグループ内の無形資産取引が増大し，このような独立企業間原則の適用が困難な状況となっている。

　本稿は，OECD で議論が進んでいる国際的デジタル企業に対する課税問題，とくに BEPS 包摂的枠組み（Inclusive Framework）における，①課税権の配分に関するネクサスや利益配分の原則の見直しを求める「第 1 の柱（Pillar One）」

と，②軽課税国への利益移転を防止するため一定水準以下の税率の国や地域に所在する子会社や支店等に対して「ミニマム税（minimum tax）」を課そうとする「第2の柱（Pillar Two）」について，まずこれまでの議論の変遷を概観する[3]。そのうえで，2020年10月に公表された「第1の柱及び第2の柱の青写真報告（the Reports on the Blueprints of Pillar One and Pillar Two）[4]」の概要を紹介検討する。また，EUや各国のデジタル企業課税の動向についてもふれ，最後にデジタル課税の今後の課題や議論の見通しについて述べたいと思う。

I デジタル経済の課税上の課題に対する OECD の議論

1 「最終報告書（BEPS 2015 Final Reports）」（2015年10月）

OECD の BEP プロジェクトでは，デジタル経済への課税上の課題への対応の問題は，「行動1 デジタル経済の課税上の課題への対応（Action 1 Addressing the Tax Challenges of the Digital Economy）[5]」において，「実質的な経済活動が行われ価値創造がなされた場所で課税を行う」という基本方針と，2020年を目標に議論を継続することを確認した。そのうえで，間接税に関しては，電子商取引への付加価値税（VAT）に対する一定の解決策として，B to B 取引へのリバースチャージ方式，B to C 取引への事業者登録制の導入の勧告を行った。しかし，直接税に関しては，デジタル取引のみ別途の取り扱いをすることは困難であるとし，①新たな PE として「重要な経済的存在（significant economic presence）」の概念に基づく見直しや，②デジタル取引への源泉税（withholding tax）の導入，③国内外の事業者の競争条件の公平化のための平衡税（equalization levy）の導入の3つに関する考え方を明らかにするにとどまった[6]。

2 「中間報告書（Interim Report）」（2018年3月）

OECD は BEPS プロジェクト後もポスト BEPS の包摂的枠組み（Inclusive Framework）において議論を継続し，2018年3月には「デジタル化により生じる課税上の課題に関する中間報告書（Tax Challenges Arising from Digitalisation-Interim Report 2018）[7]」を公表した。

「中間報告書」は，デジタル化されたビジネスモデルの共通の特徴として，

①物理的拠点を伴わない管轄を越えた大規模なビジネス展開，②無形資産への多大な依存，③データやユーザー参加とブランドのシナジーの重要性などの3点をあげた[8]。また，デジタル経済への課税に関する課題を分析し，国際課税原則の見直しに対する各国の立場について，①高度にデジタル化されたビジネスに絞った見直しを行う，②それに絞らずに全般的な見直しを行う，③大幅な見直しは不要，の3つのグループに整理した[9]。結局，「中間報告」では具体的勧告は行わず，既存の国際課税の枠組みの中でネクサス（nexus）と利益配分（profit allocation）に係る原則の見直しの検討を継続することに合意した。そのうえで，BEPSの価値創造と課税の場所の一致という原則に基づき，経済のデジタル化が与える影響を議論し，2020年までに長期的解決策の取りまとめに向けて作業を進める方針を示した[10]。

3 「ポリシー・ノート（Policy Note）」（2019年1月）・「公開討議文書（Public Consultation Document）」（同年2月）

2019年1月，BEPS包摂的枠組みは「ポリシー・ノート（Addressing the Tax Challenges of the Digital Economy-Policy Note）[11]」を示し，それを受けて同年2月に「公開討議文書（Public Consultation Document Addressing the Tax Challenges of the Digital Economy）[12]」公表し，意見公募や公聴会が行われた。まず，「ポリシー・ノート」は，課税権の配分に関するネクサスや利益配分の原則の見直しを求める「第1の柱（Pillar One）」と，軽課税国への利益移転を防止するため一定水準以下の税率の国や地域に所在する子会社や支店等に対して「ミニマム税（minimum tax）」を課そうとする「第2の柱（Pillar Two）」の「2つの柱」を提案した。以後，OECDではこれら「2つの柱」の枠組みで議論が進んでいくことになった。

次に，「公開討議文書」では，「ポリシー・ノート」の提案を検討し，「第1の柱」については，ネクサスと利益配分の原則を①「ユーザーの参加（user participation）」，②「マーケティング無形資産（marketing intangibles）」，③「重要な経済的存在（significant economic presence）」の各提案のいずれか，またはその複数を踏まえて改定することが検討された[13]。具体的には，①の「ユーザー

25

参加」は，高度にデジタル化されたビジネス（highly digitalised businesses：HDB）におけるユーザーの価値創造への貢献に着目し，PE 概念を拡張してそのようなビジネスの非通常利益（non-routine profit）のユーザー参加による貢献分をユーザーの所在国（市場国）に配分するという提案である[14]。②の「マーケティング無形資産」は，マーケティング活動を通じて形成されたブランドや顧客データ等の無形資産に着目し，PE 概念を拡張してデジタル化されたビジネスに限らず広い業種を対象にそれら無形資産から生じる非通常利益（non-routine profit）の全部または一部を所在国に配分するという提案である[15]。③の「重要な経済的存在」は，デジタル技術によって市場国との間に有意で継続的な関係がある場合，特定の要因に基づき市場国に「重要な経済的存在」があると認められれば，それを新たなネクサスとして市場国に定式配分方式や修正みなし利益法により利益を配分する提案である[16]。これら提案のうち①はイギリス，②はアメリカ，③はインド等の途上国によるものであり，それぞれの利害や立場を表すものであった。また，①は高度にデジタル化されたビジネスを行う企業を対象としているのに対して，②と③はそれに限定せず従来型のビジネスを行う企業も広く対象としていた。

「第 2 の柱」については，一定以下の実効税率（effective tax rate）の軽課税国に所在する支店や子会社等に対する「所得合算ルール（Income inclusion rule）」及び関連者への「税源浸食となる支払の損金算入を否認するルール（Tax on base eroding payments）」の導入などが議論された[17]。

4 「作業計画（Programme of Work）」（2019 年 5 月）

2019 年 5 月「経済の電子化に伴う課税上の課題に対するコンセンサスに基づく解決策の策定に向けた作業計画（Programme of Work to Develop a Consensus Solution to the Tax Challenges Arising from the Digitalisation of the Economy）[18]」が公表され，6 月の福岡での G 20 財務大臣・中央銀行総裁会議や G 20 大阪サミットに提案され，承認された。

「作業計画」は，以降の 18 カ月の計画を示したものであり，「2 つの柱」の課題について，さらに検討を進め「第 1 の柱」の利益配分ルールについて，①

「修正残余利益分割法（Modified RPSM）」：分割すべきグループの利益を通常（routine）と非通常（non-routine）の利益に分け，非通常利益のうち市場国の貢献に係る部分を特定し，一定の配分キーにより市場国に分割する方法と，②「定式配分法（Fractional apportionment method）」：通常と非通常の利益を区分せず，分割すべきグループの利益を市場国に配分する方法，③「配分ベース・アプローチ（Distribution-based approaches）」：市場国における売上に対し，一定の率により計算したみなし利益を配分する方法，の3つの具体案を提示した[19]。また，ネクサスについては，物理的拠点を必要としない「ビジネス・プレゼンス（business presence）」の概念が示され，その評価のため持続的な収入閾値（threshold）やその他の指標の検討が求められた[20]。「第2の柱」についても，所得合算ルールや税源浸食となる支払の損金算入否認ルールなどについてさらに検討が進められた[21]。

5　「統合的アプローチ提案」（2019年10月）

2019年10月には「第1の柱に関する統合的アプローチ提案（Secretariat Proposal Unified Approach under Pillar One）[22]」，同年11月には「第2の柱に関する "GloBE" 提案（Global Anti-Base Erosion Proposal（"GloBE"）-Pillar Two）[23]」が公表され，「2つの柱」それぞれに対するOECD事務局の具体的な考え方が示された。

「統合的アプローチ提案」では，まず消費者の所在する国（市場国）に物理的拠点の有無にかかわらず，より大きな課税権を配分し，広範な消費者ビジネスに影響を与えることが確認された。また，「ネクサス」については，消費者との相互作用・関与などを通じて市場国の経済に持続可能で重要な関係を有するすべての場合に，このアプローチが適用可能とされる基本的な考え方が示された[24]。そのうえで，利益配分については，新たな利益配分方法として，①「利益（Amount）A」：企業グループの通常利益を超える利益で物理的拠点の有無にかかわらず売上等に応じて市場国に配分されるもの，②「利益（Amount）B」：市場国における基本的なマーケティング・販売活動等に付与される利益で定率で固定されるもの，③「利益（Amount）C」：独立企業原則により課税できる販売

子会社等の基本的なマーケティング・販売活動等を超える追加的利益で強力な紛争解決メカニズムに服するもの，3つの配分の対象となる利益概念が提示された。以後のOECDの「第1の柱」の議論では，とくに「利益A」を中心に具体的な検討が進められていった。

6 「GloBE 提案」（2019 年 11 月）

「GloBE 提案」は，「第2の柱」について，グローバルな利益移転を防止するため，①「所得合算ルール（income inclusion rule：IIR）」：軽課税国・地域に所在する子会社等の各事業体に帰属する所得について，親会社の所在する国・地域において，最低税率まで課税する，②「軽課税支払ルール（undertaxed payments rule：UTPR）」：軽課税国・地域に所在する関連会社への支払い（使用料等）に対し，支払会社側の国・地域で損金算入の否認やソース・ベースの課税（源泉税を含む）を行う，③「スイッチ・オーバー・ルール（switch-over rule：SOR）」：国外所得免除方式を採用する国・地域が，軽課税国・地域所在の外国支店の所得について，外国税額控除方式に切り替えて課税することを租税条約に定める，④「租税条約特典否認ルール（subject to tax rule：STTR）」：支払受取者の所在地国・地域が軽課税の場合に租税条約上の特典を否認し，源泉地国・地域で最低税率まで源泉徴収する（軽課税支払ルールを補完），の4つのルールを示した。また，GloBE 提案では，実効税率基準によるため，事業体間で，高税率所得と低税率所得をどこまでブレンディング（合算）できるかについてのルールが問題とされた。具体的なブレンディングの方法として，①全世界ブレンディング・アプローチ，②国・地域（管轄）別アプローチ，③事業体別アプローチの3つのアプローチが提示され，いずれを採用するかが議論された。

7 「包摂的枠組みによる声明文・付属文書」（2020 年 1 月）

2020 年 1 月の BEPS 包摂的枠組み会合では，「声明文（Statement）」と2つの柱の「付属文書（Annex）」から成る「経済のデジタル化に伴う課税上の課題（the Tax Challenges Arising from the Digitalization of the Economy）」が公表され，OECD 事務局提案に沿った内容で「第1の柱」の制度の枠組みが合意され

るとともに「第2の柱」に関する進捗報告が行われた。

　まず,「声明文」では,包摂的枠組みに参加する137カ国が,2020年末までに新しい国際課税原則に合意することの公約を確認した。また,「第1の柱」の提案については,紛争の予防解決などによる「税の安定性（Tax Certainty）」の改善や制度の複雑性の抑制が求められ,技術的課題や重要な政策的差異に留意すべきこととされた。また,2019年12月のアメリカのムニューシン財務長官からグリアOECD事務総長宛ての書簡において,アメリカの議論の枠組みへの支持と「第1の柱」を「セーフ・ハーバー（Safe Harbor 選択制）」とする提案がなされたことや,それに対する各国の懸念に留意すべきことが指摘された。そのほか,EU各国をはじめとする独自課税の動きとして,デジタル・サービス税を導入する国々が増えていることの問題にもふれられていた。「第2の柱」については,技術的に大きな進展がみられるものの,さらなる作業が必要であることに留意すべきとしていた。[29]

　「付属文書1」では,「統合的アプローチ提案」の「第1の柱」に係る構造の概要が付されており,①「利益A」,②「利益B」,③「利益C」の3つの利益概念が改めて示された。まず,①「利益A」は,物理的拠点の有無にかかわらず,市場国・地域における新たなネクサスの要件をみたす多国籍企業グループに限定して持続的かつ大規模なビジネスへ対応するものとする。ただし,「利益A」は,「自動化されたデジタル・サービス（automated digital service：ADS）」と「消費者向けビジネス（consumer facing business：CFB）」の2つの事業類型を適用対象とする。そして,「付属文書1」では,それぞれの具体的な定義や対象事業,対象外事業と閾値（たとえば,国別報告（CbCR）と同じく総収入が7億5千万ユーロ以上など）,ネクサスやソース・ルール（sourcing rules：ユーザー所在地や消費地）,計算方法（連結グループ財務諸表に基づき税引前利益により計算,セグメンテーション（segmentation）),二重課税の排除,各利益の相互調整等が技術的検討課題とされていた。[30]

　次に,②「利益B」については,基本的マーケティング・販売活動を行う事業者に係る定率の固定利益であり,産業・地域別の取り扱いの差別化や,利益Cとの区分,基本的活動の定義や利益水準指標,固定利益率などの技術的課題

が指摘されていた。[31] そのほか、「付属文書１」には、紛争の予防や解決のメカニズムによる「税の安定性」や新たな課税権の行使のコンプライアンスや要件などの検討課題が示されていた。[32]

8 「経済分析と影響調査（Economic Analysis & Impact Assessment）」 （2020 年 2 月）

2020 年 2 月 OECD は、「第１と第２の柱に関する経済分析・影響調査（Tax Challenges Arising from the Digitalisation of the Economy-Update on the Economic Analysis & Impact Assessment）」[33] をまとめて、2 万 7 千社を超える多国籍企業グループに係る各種データ等に基づき分析や影響の評価を公表した。

本調査結果によれば、「第１の柱」と「第２の柱」を合わせた法人税収への影響は、グローバルな規模で毎年約１千億ドル（約４％）の増加になるものと予想されている。また、「第２の柱」による税収の増加が「第１の柱」を大きく上回り、「第２の柱」による法人税収の増加は、「第１の柱」の４倍超になるものと見込まれる。また、世界銀行の高所得・中所得・低所得の国・地域別分類に基づく税収の増加率はおおむね同様といえるが、低所得国・地域は「第１の柱」からの税収増が大きく、高所得国・地域は「第２の柱」からの税収増が大きくなっている。さらに、「第１の柱」による市場国への「利益 A」の配分により、ほとんどの国・地域が税収増となるが、外国対内投資が GDP の 150％を超える国・地域では税収減となる。「第２の柱」による国・地域の税率差の縮小により、多国籍企業の利益移転は大きく減少することが予想される[34] などの影響調査の結果が示された。

II 「２つの柱」に関する「青写真（Blueprint）」の概要

1 「第１の柱及び第２の柱の青写真報告（the Reports on the Blueprints of Pillar One and Pillar Two）」（2020 年 10 月）

2020 年 10 月 12 日、OECD は、「デジタル化により生じる課税上の課題—第１の柱と第２の柱の青写真報告（Tax Challenges Arising from Digitalisation — Reports on the Blueprints of Pillar One and Pillar Two）」と「声明文（statement）」

を公表した。³⁵⁾同報告は，BEPS 包摂的枠組みにおいて参加 137 カ国・地域によって同年 10 月 8 日，9 日に承認されたものであるが，将来の合意に向けた基礎となる「青写真（Blueprints)」を示したものである。ただし，OECD におけるデジタル経済への課税上の課題に関する現状の議論の到達点について，課税権の配分に関するネクサスや利益配分の原則の見直しを求める「第 1 の柱」と，利益移転を防止するため国際的な最低税率によるミニマム課税を行う「第 2 の柱」の，それぞれについて，これまでの議論や技術的課題を整理し，今後の見通しを明らかにする内容となっている。³⁶⁾

2　「第 1 の柱の青写真報告（the Reports on the Blueprints of Pillar One)」

「第 1 の柱の青写真」は，多国籍企業グループのグローバルな活動による「利益 A」及び「利益 B」をそれぞれ市場国に配分する具体的な提案と，紛争防止及び解決のメカニズムを通じた「税の安定性」についての 3 部構成となっている。³⁷⁾

（1）　新しい課税権（利益 A）

①　適用範囲（Scope）

「利益 A」による新しい課税権の適用範囲は，①事業活動の種類が「自動化されたデジタル・サービス（ADS)」と「消費者向けビジネス（CFB)」に当たるかの「事業活動テスト（activity test)」と，「収入閾値テスト（revenue threshold test)」として，②全世界における 1 年間の総収入（gross revenue）が一定の金額を超えるかの「全世界収入基準（global revenue test)」，③対象事業の 1 年間の国外源泉収入が一定の金額を上回るかの「国外源泉対象事業収入基準（De minimis foreign in-scope revenue test)」によって決まることになる。³⁸⁾

「事業活動テスト」について，「青写真」では，自動化されかつデジタル・サービス（ADS）と消費者向けビジネス（CFB）のそれぞれの一般的な定義と「ポジティブ・リスト」と「ネガティブ・リスト」が示されている。まず，ADS の一般的な定義は，「自動化されたサービスでかつデジタル化されたサービス」であることが要件となる。たとえば，オンライン広告，ユーザー・データ販売，オンライン検索，SNS プラット・フォーム，デジタル・コンテンツ・サービス，

クラウド・コンピューティング等がこれに含まれ，反対に，カスタマイズされた専門サービスやオンライン教育サービス，ネットワークに非接続の物品販売（IOT）等が除外される。次に，CFB の一般的な定義は，「消費者への商品販売やサービスの提供等により収益を生じる事業であり，仲介業者を通じた間接販売やフランチャイズによる販売やライセンス供与等も含む」とされている。乗用車，PC，医薬品，家電製品など消費者向け商品の販売等が含まれる。また一定の天然資源や金融サービス，建設，住宅用不動産の販売・賃貸，国際航空，海運等が除外される。[39]

「収入閾値テスト」の２つの基準について，「青写真」では具体的な金額は明示されていないが，「全世界収入基準」は移転価格税制の国別報告書（CbCR）の基準に準じて多国籍企業グループの全世界の１年間の総収入金額７億５千万ユーロという金額が示唆されている。[40]

② ネクサス・ルール（Nexus rule）

「利益 A」の配分を受ける市場国は，まず PE 概念にかわる企業と国家の課税上の結びつきであるネクサスとして，物理的拠点の有無にかかわらず，当該企業が当該市場国に対し「重要かつ持続的な関わり（significant and sustained engagement）」を有していることが求められる。ただし，当該企業が「利益 A」に関する一定の収入基準を当該市場国においてみたしていることが要件となる。

収入基準は，市場国の市場規模によるが，最低基準が設定されることになる。この金額は ADS と CFB により異なり，ADS は具体的な金額は未定であるが，当該企業が当該市場国において収入を有することが基準となる。それに対し，CFB には ADS より高額な収入基準に加えて，当該市場国での継続的活動や子会社等の物理的拠点を求めることが検討されている。[41]

③ 源泉地の判定（Revenue sourcing）

ADS の場合は，原則ユーザー（利用者）の所在地を源泉地とする。ユーザーの所在は受信デバイスや IP アドレス，VPN，ユーザー・プロフィールにて判定する。たとえば，オンライン広告の場合は，広告を依頼する企業ではなく，広告情報を受信するユーザーの所在で源泉地が決めることになる。CFB の場合は，原則消費者への商品やサービスの最終的な引渡や提供場所が源泉地とな

る。フランチャイズによる販売やライセンス供与の場合も同様である。なお，[42)]
企業側に証拠となる文書やデータの保存義務が求められる。

④　課税標準の決定（Tax base determination）

「利益 A」の課税標準は，多国籍企業グループの連結財務諸表上の「税引前利益（profit before tax）」より計算する。IFRS ほか各国の会計基準（GAAP）に基づき，税務調整（永久差異調整，株式配当・譲渡損益減算，賄賂罰金等加算）を行う。[43)]

⑤　セグメント（segmentation framework）

課税標準は，事業単位または地域別のセグメントを単位とする。適用対象となる多国籍企業は，ADS と CFB とその他の事業に区分して収入を計算し，全世界収入が一定の金額以下の場合はセグメントを不要とし，可能であれば財務会計上のセグメントを代用することになるが，それ以外の場合に「利益 A」の計算のためのセグメントが必要になる。[44)]

⑥　損失繰越ルール（Loss carry-forward rules）

損失はグループまたはセグメントレベルとして繰越を認める。ただし，発生した損失は利益とは異なり，市場国には配分されない。また，損失はグループまたはセグメントのアカウントにおいて繰り越され，過去の繰越損失がなくなるまで「利益 A」は発生せず，市場国に配分されないことになる。なお，国内税法に基づく繰越欠損金とは別に独立して管理される。[45)]

⑦　利益配分（profit allocation）

「利益 A」は，通常の利益とみなされる「みなし通常利益」を超えて，残余利益とみなされる「みなし残余利益」を対象とすることから，まず，両者を区分する利益率が必要となる（ステップ1）。また，「みなし残余利益」のどれだけの割合で市場国に配分されるかも問題となる（ステップ2）。「青写真」では，この「みなし通常利益率」は 8～25％，市場国への配分比率は 10～30％という目安が示されている。そして，市場国への配分利益は，「配分可能課税標準（allocable tax base）」として「利益 A」の適格市場国に配分するための配分キー（収益金額に基づく利益額または利益率）により配分される（ステップ3）。

設例では，みなし通常利益率 10％，市場国への配分比率 20％，これを売上高営業利益率 30％の多国籍企業グループに当てはめると，全体の売上高の

20%（30%-10%）がみなし残余利益となり，その 20%，すなわち，全体の売上高の 4 ％が市場国に配分される計算となっている[46]。

〈計算の流れ〉全体利益 − 通常利益＝みなし残余利益⇒みなし残余利益 × 一定割合＝市場国配分利益（配分可能課税標準）⇒市場国配分利益 × 各市場国売上高比率（配分キー）＝各市場国への配分利益額

⑧　差別化メカニズム（differentiation mechanisms）

　事業によるデジタル化の程度の相違により，一定の事業活動へ配分する利益を増やし，市場国の利益率の差異に配慮して，セグメントの平均利益率を上回る市場国への配分利益の上乗せなども検討されている。たとえば，ADS を行う多国籍企業に対して，「みなし通常利益率」を低く，あるいは市場国への配分比率を高くするなどの調整を行う[47]ことが検討事項とされている。

⑨　マーケティング・販売利益に係るセーフ・ハーバー（marketing and distribution profits safe harbour）

　現行税法により市場国に残余利益が計上されていれば，「利益 A」による配分は不要と考える。市場国でのマーケティング・販売活動による売上高に対して一定の固定比率を乗じた額と，計算上の「利益 A」の合計額を上限とし，現行税法による税額がその上限を超える場合には，その超える金額は「利益 A」による配分の対象とならないものとする[48]。

⑩　二重課税の排除（Elimination of double taxation）

　「利益 A」は，多国籍企業の全世界のグループ利益の一部を市場国に配分するが，現行税法によって市場国での課税が生じていれば二重課税となる可能性がある。とくに CFB の場合は，現地での販売活動を伴うことから，その可能性も高いことになる。その場合二重課税を防止するため，現行税法で所得を計上していたいずれかの法人の所在地国において，外国税額控除や国外所得免除により二重課税防止措置をとらなければならない。そのため，グループ内における「利益 A」の支払法人を特定したうえで，その支払法人に対して二重課税を排除することになる。「利益 A」は残余利益を得ている法人から支払うべきことになるため，残余利益へ貢献する法人で，利益率が高く，市場国とのかかわりがある法人を特定する。そのような法人に税の負担能力が十分でない場合

には，その他の法人に按分比例で配分することになる。[49]

（2） 利益 B

① 適用範囲（Scope）

「利益 B」は，市場国において行われる基本的なマーケティング・販売活動に対し一定比率での「固定報酬（fixed return）」を与えるという考え方をとる。実質的には移転価格税制における取引単位営業利益法（TNMM）を適用していることと同じことになる。対象は，「基本的なマーケティング・販売活動」であり，「日常的な機能を遂行する流通事業体であって，その流通事業を行う過程で日常的資産を使用し，日常的リスクを負っている者」である。[50]

「利益 B」の対象法人の判定は，日常的な流通に含まれる機能を有しているかで行う。なお，マーケティング無形資産の開発や戦略的マーケティング活動，企業家リスクの引き受け，政府への販売活動を行う法人は対象外となる。「青写真」では，販売代理人やコミッショネア（Commissionaire）が含まれるかは検討中である。「利益 B」は実質的には移転価格税制の簡素化ともいえるため，総収入金額や事業などを要件とする限定はなく，業種を問わず「基本的なマーケティング・販売活動」を行っている限り，「利益 B」の適用対象となる。そこで，無形資産の開発活動を行っている法人や製品在庫や在庫評価減，売掛金の売上高に占める割合の高い法人を適用対象から除外するという案もあるが，マーケティング・販売活動を切り出すことができれば「利益 B」が適用される。[51] なお，「利益 B」をパイロット・プログラムとして開始し，段階的に実施する案も検討されている。

② 固定利益（Quantum）

「基本的なマーケティング・販売活動」を行う企業の通常利益は，売上高に対する固定比率（固定利益率）で求められ，利益指標は売上高利益率があげられているが，支払金利前税引前利益（EBIT）や税引前利益（EBT）などとすることも検討されている。また，「利益 B」について，ほかの最適な方法により独立企業間価格が反証された場合はそれによることが提案され，反証の主体が課税庁側か納税者側かは明確にされていない。さらに，「利益 B」の固定利益率は地域別・業種別に異なるものとするか検討中である。[52]

(3) 税の安定性（Tax Certainty）紛争防止・解決

「第1の柱の青写真」は，「利益A」とそれ以外に分けて紛争防止と解決について ふれている。「利益A」は新たな制度であることから，紛争防止のための 審査委員会（review panel）や裁定委員会（determination panel）の設置，標準化 された申告や文書の作成提出手続，事前確認の申立てに対する審査手続などが 提案されている。「利益A」以外に対しても紛争防止・解決のための手続（相互 協議など）に加え，義務的・拘束的手続も検討されている[53]。

3 「第2の柱の青写真報告（the Reports on the Blueprints of Pillar Two）」

「第2の柱の青写真」は，全世界共通の最低税率を設定し，多国籍企業グル ープによるタックス・ヘイブンへの利益移転の防止や国際的な法人税率の引き 下げ競争を抑止することを目的とする。軽課税国・地域において，実効税率が 最低税率未満の子会社等の事業体は，GloBE規則に基づき「所得合算ルール （IIR）」か「軽課税支払ルール（UTPR）」の適用を受けることになる。とくに， 第2の柱の中心は，前者の「所得合算ルール」であり，後者の「軽課税支払ル ール」はそれを補完するものと位置づけられている[54]。

「所得合算ルール」は，最終親会社の所在地国において，全世界共通の最低 税率までの「上乗せ課税（top-up）」を行う制度であり，タックス・ヘイブン対 策税制と類似しているところもあるが，親会社の居住地国の税率ではなく全世 界共通の最低税率を適用するところに違いがある。また，当該子会社等の各事 業体が最低税率による課税がなされるかどうかの判定は，実効税率の計算が必 要になるが，「青写真」では国・地域別でのブレンディング（合算）を行うこと としている。具体的にはまず，①多国籍企業グループの事業体ごとに所得調整 計算を行い，次に②国・地域別に課税所得と税額を計算して実効税率を算定し， それが最低税率未満であるか否かを判定することになる[55]。

なお，「青写真」では2020年1月以来の「第2の柱」に関する議論をふまえ， かなり具体的な制度の内容が提示されている。

⑴　「GloBE 規則」の適用範囲（Scope of the GloBE rules）

　「GloBE 規則」の適用対象は，BEPS 最終報告書の行動 13 の移転価格税制の国別報告書（CbCR）の定義や方法に基づき，事業活動や事業体の定義なども同様であり，収入閾値も連結総収入額が 7 億 5 千万ユーロ以上の多国籍企業グループとされている。基準金額は当該グループの連結財務諸表に基づき算定することになるが，規模や重要性の観点から連結対象外の子会社等も適用対象となる場合がある。ただし，投資ファンドや年金基金，政府機関や国際組織，非営利組織などは中立性を害さないため，適用除外とされる。[56]

⑵　「GloBE 規則」に基づく実効税率の計算（Calculating the ETR under the GloBE rules）

　「GloBE 規則」の適用に当たっては，当該企業が設定された国際的な最低税率以上の課税を受けているかにより判定される。実効税率については，以下のように計算される。

$$実効税率 = \frac{調整後対象税額}{税引前利益}$$

　税引前利益は，親会社の連結財務諸表を作成する際に使用した IFRS ほか各国の会計基準（GAAP）に基づき計算する。「第 1 の柱」と同様に税務調整は，永久差異調整，株式配当・譲渡損益減算，賄賂罰金等加算を行う。各事業体の複数事業体のブレンディングについては，前述のように国・地域（jurisdiction：管轄権）別でのブレンディング（合算）を行うこととされている。[57]

⑶　実質的活動に基づく定式的カーブアウト（Formulaic Substance-based carve-out）

　「青写真」では，実効税率の計算において，支払給与と有形固定資産の減価償却費の一定割合を税引前利益から控除することが提案されている。これは「実質的活動（substantive activities）」を行う企業の税引前利益（分母）の減額となり，実効税率が高くなることから，「GloBE 規則」の適用が緩和される。また，税額（分子）の調整も検討されており，現地に拠点を構え従業員を雇用して実質的な事業を行う企業に配慮する内容となっている。[58]

(4)　損失及び超課税額の繰越（Carry-over of losses and excess taxes）

「所得合算ルール」の計算上，実効税率の判定時点では繰越は行わないが，最低税率以下となり上乗せ課税を行う際に，課税標準から繰越損失の控除を認める。繰越期間は無制限となる見込みである。また，超過課税額の繰越は，最低税額を超える税額をある年度に支払っていた場合に，翌年度以降の実効税率の計算上分子の税額に加算できる。さらに，過去に「所得合算ルール」による上乗せ課税が行われていたうえで，当該年度に超過課税が生じた場合，過去の上乗せ課税の範囲内で税額控除の枠を設けて，当該年度または翌年度以降の上乗せ税額と相殺できる[59]。

(5)　簡素化のためのオプション（Simplification options）

「第2の柱の青写真」では，①移転価格税制の国別報告（CbCR）に基づいて計算された実効税率が一定の基準を超える場合には，別途の手続を経ることなく上乗せ課税の対象としない，②多国籍企業の税引前利益が一定割合未満の国や地域は適用除外とする，③特定の年度の実効税率が最低税率を超えた場合，3〜5年程度は「GloBE 規則」の適用を受けないものとする，④特定の国・地域について，税率や課税標準に鑑みて実効税率が十分に高いものと認められる場合，最低税率を超えているものと推定する，という4つの簡素化のための選択肢が示されている[60]。

(6)　所得合算ルール以外のルール

「第2の柱の青写真」では，2019 年 11 月の「GloBE 提案」以来の議論をふまえ，「所得合算ルール（IIR）」以外のルールとして，①「軽課支払ルール（UTPR）」：軽課税国に所在する関連企業への使用料等の支払いに対し，支払企業側の国で損金算入の否認やソース・ベースの課税（源泉税を含む）を行う（所得合算ルールが適用されない場合），②「スイッチ・オーバー・ルール（SOR）」：国外所得免除方式を採用する国・地域が，軽課税国所在の外国支店の所得に対して最低税率で課税されていない場合，全世界所得課税方式に切り替えて課税する（所得合算ルールの前提としての仕組），③「租税条約特典否認ルール（STTR）」：関連者間での利子や使用料等の支払について，受取者の所在地国が軽課税の場合に租税条約上の特典（源泉徴収税の減免）を否認し，源泉地国で最低税率まで源

泉徴収する），の３つのルールが示されている。[61]

4 今後の課題と見通し

「第１の柱と第２の柱の青写真報告」は，OECD の BEPS 包摂的枠組みでの
これまでの議論をふまえ，「２つの柱」のいずれについても多くの技術的課題
の検討が進んだものと評価できるが，最終的合意に向けては政策的課題も含め
て各国の利害が複雑に絡み合う中で，さらに議論を継続する必要がある。「第
１の柱」については，アメリカによる「セーフ・ハーバー（選択制）提案」への
対応や「利益 A」と「利益 B」との関係やその適用範囲，ネクサスの具体的判定
の問題など，「第２の柱」についても，最低税率の具体的な率の設定やブレンディ
ングの適用順序など多くの課題が残されている。今後，「青写真」を土台と
して各国の利害や企業側からの意見や反応を調整しつつ，2021 年の７月のイ
タリアでの G20 財務大臣中央銀行総裁会議の前までに OECD 包摂的枠組みと
G20 における国際的な合意成立に向けて議論が進められていくものと思われる。

Ⅲ 各国のデジタル企業課税の動向

1 EU 及び EU 各国によるデジタル企業課税

EU も欧州委員会において，独自にデジタル課税に関する検討を行い，2017
年９月には「デジタル単一市場に向けた欧州域内の公平かつ効率的な税システ
ム（A Fair and Efficient Tax System in the European Union for the Digital Single
Market）」[62]を公表した。それに基づき 2018 年３月に中長期と短期の具体的な提
案を含む EU 指令案（Council Directive）を発令した。 同指令案においては，デ
ジタル経済下の課税の公平性とビジネスの成長の視点から，①中長期的な見直
し案と，②短期的な見直し案の２つの方策が提案された。[63][64]

（1） 長期的見直し案

まず，長期的見直し案は，EU 各加盟国にデジタル・サービス事業を行う法
人が支店等の PE として物理的拠点を有しなくても，①年間 700 万ユーロ超の
売上高がある，②年間 10 万人以上のユーザー数を有する，③年間 3,000 件超
のビジネス契約がある， ３つのいずれかの条件を満たす場合に「重要なデジタ

ル上の存在（significant digital presence）」を有するものとみなし，各加盟国が課税できるようにするという提案であった。また，利益配分に関しては，消費時点におけるユーザーの所在地を反映させるなど，デジタル経済における価値創造のあり方を踏まえたものであったが，最終的にはOECDでの議論の動向をにらみつつ，法人税の課税ベースの統一化とあわせて長期的に検討を進めることになった。

(2)　短期的な見直し案

次に短期的見直し案は，当面の暫定措置として，一定範囲のデジタル・サービスの売上に対して，①全世界での年間売上高が7.5億ユーロ，②EU域内での年間売上高が5,000万ユーロの2つの条件を満たす場合に，ユーザーの所在する加盟国が税率3％のデジタル・サービス税（Digital Services Tax：DST）を課すという提案であった。

結局，2018年末までの指令案の合意に向けて議論が行われていたものの，スウェーデン，フィンランド・エストニア・アイルランドなど一部加盟国の反対により，EUレベルでの合意を断念し，OECDでの議論を通じて国際協調による解決を目指すことになった[65]。

(3)　デジタル・サービス税（DST）の導入

他方，イギリス，フランス，イタリアをはじめとするいくつかのEUの国々においては，短期的見直し案に基づきデジタル・サービスを対象として，収入の一定割合を課税するデジタル・サービス税の導入が進められた[66]。フランスは，2019年7月全世界の年間売上高7億5,000万ユーロ超，フランス国内売上高2,500万ユーロ超の企業を対象とし，デジタル・インターフェースの提供について，税率3％のデジタル・サービス税を導入した。それに対し，アメリカ政府は，自国企業に対する差別的な措置として1974年通商法301条に基づく調査を実施し，とくにフランスへは対抗措置としてフランス産ワイン等への追加課税を表明した。ただし，フランスとアメリカは，フランスによるデジタル・サービス税の徴収とアメリカによる追加関税を2020年末まで猶予することで合意している[67]。そのほか，2020年10月現在のEU各国のデジタル・サービス税の導入状況は次頁の表のとおりである。

EU 各国におけるデジタル・サービス税の導入状況（2020 年 10 月現在）

国　名	対象分野	税率	閾　値	導入状況
イギリス	検索エンジン ソーシャル・メディア・プラットフォーム オンライン・マーケット	2 %	全世界：£ 5 億 国内：£ 2,500 万	導入済（2020 年 4 月 1 日遡って適用）
フランス	デジタル・インターフェースの提供 個人データに基づく広告サービス	3 %	全世界：€7.5 億 国内：€2,500 万	2019 年 1 月に遡って適用。 ただし，2020 年末まで徴収猶予
イタリア	デジタル・インターフェースによる広告 商品・サービス販売のための多国間デジタル・インターフェース デジタル・インターフェースを利用したユーザー・データの送信	3 %	全世界：€7.5 億 国内：€550 万	2020 年 1 月より導入済
スペイン	オンライン広告サービス オンライン広告の販売 データの販売	3 %	全世界：€7.5 億 国内：€300 万	導入済，2021 年 1 月発効
オーストリア	オンライン広告	5 %	全世界：€7.5 億 国内：€2,500 万	2020 年 1 月より導入済
ハンガリー	オンライン広告	7.5%	1 億フォリント （€30 万）	2019 年 7 月より導入済
ベルギー	ユーザー・データの販売	3 %	全世界：€7.5 億 域内：€5,000 万	提案済 ただし，国際的解決まで保留
チェコ	ターゲットを絞った広告 多国間デジタル・インターフェースの使用 ユーザ・データの提供	7 %	全世界：€7.5 億 国内：1 億クローネ（€400 万）	提案済 2021 年まで OECD における国際的議論の様子をみる
トルコ	オンラインサービス（広告，コンテンツ販売等）	7.5%	全世界：€7.5 億 国内：2,000 万リラ	2020 年 3 月より導入済 大統領に税率変更権限付与
ポーランド	オーディオ・メディア・サービス オーディオ・ビジュアル・広告	1.5%	—	—
ラトビア	—	3 %	—	—

＊そのほかノルウェー，スロバキア，スロベニアなども導入を検討中。

出典：KPMG　Taxation of digitalized economy：Development summary October 6, 2020.

2　その他各国によるデジタル企業課税

（1）　インド

　インドは，2016年6月より，「平衡税（Equalization Levy）」を導入した。これ[68]は，国外事業者が国内消費者に対して供給する財・サービスの総価値（売上高等）に対して課税する税制である。具体的には，国外事業者によるオンライン広告サービス及びデジタル広告スペースの提供（特定サービス）の総収入に6％の税率で源泉課税している。納税義務者は，特定サービスを購入したインド国内の事業者であり，国内事業者は，特定サービスを提供した国外事業者に利用料を支払うが，その際に平衡税分を源泉徴収してインド政府に納付することになる。2020年4月からは，オンラインによる電子商取引等を行う国外事業者に対して2％の課税を行っている。

　また，2019年4月1日，インド政府は，国外事業者がデジタル化された方法等によりインドとの持続的な関係に基づき定期的に収入を得ている場合，当該国外事業者はインドに「重要な経済的存在（significant economic presence）」があるとして，ネクサスを認定できるとする税法（ITL）の改正を行った。ただし，その施行はOECDでの議論の状況により，2021年度より課税する方針である。

（2）　イスラエル

　イスラエルでは，2016年4月「バーチャルPE（Virtual PE）」を導入し，PEの概念の拡張を行った。[69]①イスラエル居住者との間のインターネットサービス契約が相当程度あること，②デジタル・サービスを利用するイスラエルの顧客数が多数であること，③オンラインサービスがイスラエルユーザー用に仕様されていること（ヘブライ語，イスラエル人に好まれるスタイル，イスラエル通貨の決済使用），④イスエラエルユーザーによる多数のアクセスがあること，⑤イスラエル居住者である顧客企業が外国企業に支払う対価とイスラエルのユーザーのインターネット利用のレベルとの間の緊密な相関性があることの5つを「重要な経済的存在（significant economic presence）」としてPEに含めることとした。ただし，イスラエルと租税条約を締結している国々に対しては，租税条約が優先されるため，この「バーチャルPE」の概念は適用されない。

(3)　その他

　ニュージーランドやインドネシア，マレーシアなどがデジタル・サービス税の導入を計画している。[70)]

おわりに

　本稿は，OECD におけるデジタル課税の問題への具体的な対応の議論について検討してきた。それに対し，アメリカのトランプ政権は独自の立場からそのような議論には一定の距離をとってきた。しかし，バイデン政権は国際協調路線に回帰する中で一定の歩み寄りの姿勢を示している。[71)] まず，「第 1 の柱」については，OECD に対して「利益 A」への「セーフ・ハーバー（選択制）提案」を取り下げて，簡素化と執行可能性に配慮しつつ，適用範囲を売上高 200 億ドルと売上高税引前利益率 10〜20％の具体的な収入閾値と利益率により対象となる多国籍企業グループを限定する提案を行っている。また，「第 2 の柱」については，従来から合意の可能性を示唆していたが，自国の税制改革案により引き上げられる法人税率 28％との関係に留意しつつ全世界共通の最低税率を 21％とすることを主張している。さらに，アメリカの提案は，拘束力のある強制的な紛争予防・解決の重要性を強調し，各国がデジタル・サービス税の導入のような独自措置を撤回し，徴収済の税の還付を行うことを求める内容を含んでいる。

　このようなアメリカによる提案に対し，ORCD の事務局も評価する対応を示しており，OECD のデジタル課税に関する「2 つの柱」の提案も 2021 年 7 月 9 日，10 日のイタリアで開催される G20 財務大臣，中央銀行総裁会議に向けて，アメリカの提案もふまえて妥協点を探りながら国際的な合意に至る可能性は高まっているものと思われる。OECD の BEPS 包摂的枠組みでの今後の議論の行方が注目される。

　その一方で，「第 1 の柱」の「利益 A」については，多国籍企業グループの残余利益の一部の分配という仕組みでは新たな課税権の配分の効果は限定的との批判がある。また，「利益 B」との関係についても不透明で，両者に重複する部分があるような印象もあり，明確化を図るための整理が必要といえる。[72)] また，

「税の安定性」としての紛争予防・解決も含めて，どのように制度として導入・運用していくか，基本的には多国間条約を策定し，それに基づき各国が国内法により新たな税制として導入していくことになるが，多国籍企業グループによる申告や文書作成，税務当局への提出，事前確認の申立，関連国の税務当局から成る審査委員会による審査，多国籍企業や関係各国や不同意の場合の不服申立手続，裁定委員会による裁定など，手続面の整備と従来にない国際的な課税権の調整のメカニズムが求められることになる。

OECD の提案は，各国が個別の企業に対し物理的拠点に基づき課税権を行使するという従来の国際課税の原則や枠組みを見直して，国際的デジタル企業グループの利益を国際的に配分することにあり，国際課税のルールの「独立企業原則」からいわゆる「定式配分法」への移行を意味する。また，市場国への課税権の分配は，法人税における仕向地課税の導入とも考えられる。その意味では現状の議論はまだ入口の段階にあり，国際的な合意の成立後もさらに議論を進めていく必要があるといえよう。

【追記】

OECD は 2021 年 7 月 1 日に「経済のデジタル化による課税上の課題に対する 2 つの柱の解決策に関する声明文（Statement on a Two-Pillar Solution to Address the Tax Challenges Arising From the Digitalisation of the Economy）[73]」を公表した。この「声明文」は，OECD で議論されてきた「2 つの柱」の提案の主要な内容について，国際的な合意に達したことを意味する[74]。今後残された課題を検討し，2021 年 10 月の最終合意，2023 年の導入を目指すことになっている。

＊本稿は，JSPS 科研費基盤研究（c）19K01308 の助成を受けた研究成果の一部である。

注
1) 森信茂樹『デジタル経済と税— AI 時代の富をめぐる攻防』93-96 頁（日本経済新聞社，2019 年）参照。
2) OECD (2015), *Explanatory Statement, OECD/G20 Base Erosion and Profit Shifting*

Project, 2015 Final Report, p 4.

3)　これまでの OECD の議論の詳細については，昨年度の本学会研究大会の鶴田報告「巨大 IT 規制と国際デジタル課税」及び日本租税理論学会編『租税理論研究叢書 30 租税上の先端課題への挑戦』鶴田廣巳「巨大プラットフォーマーの出現とデジタル課税」18 頁（財経詳報社，2020 年）に詳しい。そのほか，中里実ほか編『デジタルエコノミーと課税のフロンティア』増田貴都「経済のデジタル化を契機としたネクサス及び利益配分ルールの見直しについての OECD での議論の動向」256 頁（有斐閣，2020 年），青山慶二「OECD/IF による新しいデジタル経済の課税ルールの国際合意への見通し：デジタルビジネスの課税根拠の検討の観点から」日税研論集 79 号 303 頁（2021 年），渡辺徹也「デジタル課税」租税研究 857 号 197 頁（2021 年），吉村政穂「デジタル課税の議論がもたらす国際課税の変革」租税研究 836 号 233 頁（2019 年），佐藤良「デジタル経済の課税をめぐる動向【第 2 版】」調査と情報 1064 号 1 頁（2019 年），山川博樹『電子経済課税と移転価格』（中央経済社，2020 年），諸富徹『グローバル・タックス―国境を超える課税権力』86～143 頁（岩波書店，2020 年），藤枝純ほか『デジタル課税と租税回避の実務詳解』（中央経済社，2019 年）ほか参照。See Elliffe, C. (2021). *Taxing the Digital Economy. In Taxing the Digital Economy: Theory, Policy and Practice*, Cambridge University Press.

4)　OECD (2020a), *Tax Challenges Arising from Digitalisation - Report on Pillar One Blueprint: Inclusive Framework on BEPS*, OECD/G20 Base Erosion and Profit Shifting Project., OECD (2020b), *Tax Challenges Arising from Digitalisation - Report on Pillar Two Blueprint*: Inclusive Framework on BEPS, OECD/G20 Base Erosion and Profit Shifting Project.

5)　OECD (2015), *Addressing the Tax Challenges of the Digital Economy, Action 1 - 2015 Final Report*, OECD/G20 Base Erosion and Profit Shifting Project.

6)　*Ibid.*, pp. 111-117.

7)　OECD (2018), *Tax Challenges Arising from Digitalisation - Interim Report 2018:* Inclusive Framework on BEPS, OECD/G20 Base Erosion and Profit Shifting Project.

8)　*Ibid.*, pp. 51-19.

9)　*Ibid.*, pp. 171-172.

10)　*Ibid.*, pp. 212-213.

11)　OECD (2019 a), *Addressing the Tax Challenges of the Digitalisation of the Economy - Policy Note* : As approved by the Inclusive Framework on BEPS on 23 January 2019, OECD/G20 Base Erosion and Profit Shifting Project.

12)　OECD (2019 b), *Addressing the Tax Challenges of the Digitalisation of the Economy- Public Consultation Document*, OECD/G20 Base Erosion and Profit Shifting Project.

13)　*Ibid.*, pp. 9-17.

14)　*Ibid.*, pp. 9-11.

15)　*Ibid.*, pp. 11-16.

16)　*Ibid.*, pp. 16-17.

17)　*Ibid.*, pp. 25-29.

18） OECD（2019 c）, *Programme of Work to Develop a Consensus Solution to the Tax Challenges Arising from the Digitalisation of the Economy*, OECD/G20 Inclusive Framework on BEPS.

19） *Ibid.*, pp. 12-15.

20） *Ibid.*, pp. 18-19.

21） *Ibid.*, pp. 26-32.

22） OECD（2019 d）, *Secretariat Proposal for a "Unified Approach" under Pillar One – Public consultation document*.

23） OECD（2019 e）, *Global Anti-Base Erosion Proposal ("GloBE") Pillar Two – Public consultation document*.

24） OECD（2019 d）, *op. cit.*, pp. 4-8.

25） *Ibid.*, pp. 8-16.

26） OECD（2019 e）, *op. cit.*, p. 6, pp. 29-35.

27） *Ibid.*, pp. 17-18.

28） OECD（2020 c）, *Statement by the OECD/G20 Inclusive Framework on BEPS on the Two-Pillar Approach to Address the Tax Challenges Arising from the Digitalisation of the Economy – January 2020*, OECD/G20 Inclusive Framework on BEPS. 本報告書に関する分析として，山川博樹「電子経済課税と法人税― 2020 年 1 月末『制度の大枠』のエッセンスと論点整理」租税研究 847 号 181 頁（2020 年）参照。

29） *Ibid.*, pp. 4-5.

30） *Ibid.*, pp. 9-16.

31） *Ibid.*, pp. 16-17.

32） *Ibid.*, pp. 17-21.

33） Webcast: Update on Economic Analysis and Impact Assessment ＜https://www.oecd.org/tax/beps/webcast-economic-analysis-impact-assessment-february-2020.htm＞（last visited on May 20, 2021）.

34） *Ibid*.

35） OECD（2020 d）, *Cover Statement by the Inclusive Framework on the Reports on the Blueprints of Pillar One and Pillar Two*, OECD/G20 Inclusive Framework on BEPS. 宇多村哲也・今岡植「経済のデジタル化に伴う国際課税上の対応：青写真（Blueprint）の公表」ファイナンス 56 巻 9 号 10 頁参照。

36） 本報告書の解説として，南繁樹「OECD のデジタル課税及びミニマムタックスに関するブループリント（Blueprint）のポイント」T&A マスター 858 号 13 頁（2020 年），岡田至康・高野公人「デジタル経済課税―第 1・第 2 の柱ブループリントと今後の動向（1）（2）（3）」国際税務 41 巻 1 号 22 頁，同 41 巻 2 号 42 頁，同 41 巻 3 号 50 頁（2021 年）ほかがある。

37） OECD（2020 a）, *op. cit.*, pp. 11-12. なお，「青写真」では「利益 C」については言及されていない。

38） *Ibid.*, pp. 19-22.

39） *Ibid.*, pp. 22-61.

40）　*Ibid.*, pp. 61-64.
41）　*Ibid.*, pp. 65-70.
42）　*Ibid.*, pp. 71-99.
43）　*Ibid.*, pp. 100-101.
44）　*Ibid.*, pp. 101-102.
45）　*Ibid.*, pp. 101-102.
46）　*Ibid.*, pp. 123-130.
47）　*Ibid.*, pp. 130-131.
48）　*Ibid.*, pp. 133-136.
49）　*Ibid.*, pp. 132-133.
50）　*Ibid.*, pp. 160-162.
51）　*Ibid.*, pp. 162-169.
52）　*Ibid.*, pp. 169-173.
53）　*Ibid.*, pp. 174-204.
54）　OECD（2020 b）, *op. cit.*, pp. 13-22.
55）　*Ibid.*, pp. 112-121.
56）　*Ibid.*, pp. 23-44.
57）　*Ibid.*, pp. 45-82.
58）　*Ibid.*, pp. 93-101.
59）　*Ibid.*, pp. 83-93.
60）　*Ibid.*, pp. 106-111.
61）　*Ibid.*, pp. 123-143, 121-122, 150-170.
62）　European Commission, "A Fair and Efficient Tax System in the European Union for the Digital Single Market," COM（2017）547 final（Sep. 21, 2017）.
63）　European Commission, "Proposal for a COUNCIL DIRECTIVE, laying down rules relating to the corporate taxation of a significant digital presence," COM（2018）147 final（Mar. 21, 2018）.
64）　European Commission, "Proposal for a COUNCIL DIRECTIVE on the common system of a digital services tax on revenues resulting from the provision of certain digital services," COM（2018）148 final（Mar. 21, 2018）.
65）　Council of the European Union, "OUTCOME OF THE COUNCIL MEETING Economic and Financial Affairs," 7368/19（Mar. 12, 2019）.
66）　デジタル・サービス税の現状と課題については，渡辺徹也「デジタルサービス税の理論的根拠と課題— Location-Specific Rent に関する考察を中心に—」フィナンシャル・レビュー 143 号 219 頁（2020 年）参照。
67）　日本経済新聞 2020 年 1 月 23 日「仏デジタル課税，徴収年内見送り米報復関税発動せず」参照。
68）　インドのデジタル課税の現状については，岡田至康・横山義晃・古賀昌晴「インドのデジタル経済課税への取組状況」国際税務 39 巻 10 号 51 頁（2019 年），上田衛門「経済・社会のデジタル化とインドの税制—国際課税問題への対応を中心に—」ファイナン

シャル・レビュー 143 号 192 頁（2020 年）ほか参照。

69)　イスラエルのデジタル課税の現状については，三菱 UFJ リサーチ＆コンサルティング株式会社「デジタル経済における国際課税ルール等に関する調査報告書（東京都主税局委託調査）」94 頁（2020 年）参照。

70)　KPMG Taxation of digitalized economy : Development summary October 6, 2020.

71)　アメリカの提案については，南繁樹「デジタル課税に関する米国提案のポイントと企業への影響」国際税務 41 巻 5 号 32 頁（2021 年）ほか参照。

72)　渡辺・前掲注（3）200 頁。

73)　OECD（2021），*Statement on a Two-Pillar Solution to Address the Tax Challenges Arising From the Digitalisation of the Economy 1 July 2021*, OECD/G20 Base Erosion and Profit Shifting Project.

74)　OECD の包摂的枠組みの 139 カ国・地域のうち，アイルランド，ハンガリーなど 9 カ国を除く 130 カ国が合意し，7 月 10 日の G20 財務大臣・中央銀行総裁会議においても承認された。「声明文」は，「第 1 の柱」については，その適用対象を全世界売上高 200 億ユーロ（約 2.6 兆円），売上高税引前利益率 10% 超の多国籍企業グループ（約 100 社程度）に限定し，10% を超える利益の 20〜30% を売上高により市場国に配分する。「第 2 の柱」については，年間総収入金額 7.5 億ユーロ（約 1,000 億円）以上の多国籍企業グループを適用対象とし，最低税率を 15% としている。

3 コロナ禍と災害税制・被災者救援税制の課題

岡 田 俊 明
（税理士）

はじめに

　新型コロナウイルス感染症（COVID-19）の急拡大は現在も世界を覆っていて，第2波が猛威をみせている。多くの人命が失われ，経済活動が失速して人々の生活基盤が大きく揺らいでいる。このパンデミックに対して，我が国の税制は何を用意していたのか，また，何をなしえたのか，そしてその税制が抱える課題について考えたい。

I　感染症の影響

　COVID-19 は，SARS-CoV-2 と呼ばれるウイルスが原因で起きる感染症で，2019 年の終わりごろに中国において発生し，瞬く間に世界中に感染が拡大した。人から人へと感染して発症し，感染すると，発熱や咳，息苦しさ，その他の症状が現れ，感染が肺に及んで肺炎が起きると呼吸困難に陥る。重症化すると，人によっては，肺炎，酸素不足，心臓病などの深刻な問題を引き起こし，死に至ることもある。したがって，予防策としてソーシャルディスタンス（フィジカルディスタンス）が求められ，結果として人の動きが制約・制限されて経済活動が停滞した。

　この感染症の経済的な影響には二つの側面がある。一つは，感染者の治療と予防にかかる経済的負担の増加と，いま一つは，事業者にとっての営業の「自粛」を含む活動の縮小・停止による収入減少と雇用の喪失である。被用者には収入減少と倒産・廃業等による失業不安が広がっている。

　前者については，税制は所得税制において「医療費控除」を用意している。

感染した場合には，隔離・保護され，治療を受ける場合には，多くは公費により賄われるから，個人の直接的支出は後者については，所得の減少，損失の発生により所得税・法人税制において，負担税額の減少あるいは負担ゼロ（損失の繰越し・繰戻し還付）となる仕組みである。

Ⅱ　災害税制の特徴

ところで，災害税制または被災者救援税制と呼ばれる制度は感染症にどういう力を発揮しえたのであろうか。

まずは，従来の税制上の概要を以下に簡記する。

・国税通則法……申告期限の延長，納税の猶予

・所得税法……雑損控除，雑損失の繰越控除，純損失の繰越控除・繰戻し還付（青色），個人が受ける災害見舞金（非課税），義援金の寄附金控除

・法人税法……災害による資産減失・損壊の額の損金算入（個人事業も同じ），復旧のための費用（修繕費）の損金算入（個人事業も同じ），同業団体等への災害見舞金分担の損金算入（個人事業も同じ），災害による欠損金の繰越控除（欠損金繰越は10年に延長）・繰戻し還付（青色申告），保険金等に関する圧縮記帳，資産の評価損の計上，耐用年数の短縮

・相続税法……農地等に係る納税猶予の特例（災害のため農業に一時不使用でも適用）

・消費税法……やむを得ない事情で帳簿書類・請求書等が保存できない場合の取扱い

・災害減免法……所得税，相続税・贈与税等の減免（法人税・消費税に適用なし）

ここで注意したいのは，これらの税制が適用される「災害」と「損失」の範囲である。国税通則法は，期限の延長について，「災害その他やむを得ない理由により…申告，申請，請求，届出その他書類の提出，納付又は徴収に関する期限までにこれらの行為をすることができないと認めるとき」（通則11）と規定するが，災害の定義規定がない。また，納税の猶予については「震災，風水害，落雷，火災その他これらに類する災害により納税者がその財産につき相当

な損失を受けた場合」(通則46)とされ,財産の損失を要件としていて,「その他これらに類する災害」にCOVID-19が該当するかが問題になりうる。

　所得税法は,災害の範囲について定義規定を置いている。「震災,風水害,火災その他政令で定める災害をいう。」(所法2①二十七)とし,政令は,「冷害,雪害,干害,落雷,噴火その他の自然現象の異変による災害及び鉱害,火薬類の爆発その他の人為による異常な災害並びに害虫,害獣その他の生物による異常な災害とする。」(所令9)と定めている。この点は,法人税法も同様の定めを置いている。「震災,風水害,火災その他政令で定める災害により生じた損失に係るもので政令で定めるもの」(法法58①)とし,「冷害,雪害,干害,落雷,噴火その他の自然現象の異変による災害及び鉱害,火薬類の爆発その他の人為による異常な災害並びに害虫,害獣その他の生物による異常な災害」(法令115)と定める。すなわち,災害を異常な自然災害,異常な人的災害,そして異常な生物による災害に分類しているのである。ここでは,異常な生物による災害にCOVID-19が該当するかだが,ウイルスは生物ではないとされてきたもの[1]の,ここでは生物に含めて考えておきたい。[2]

　また,「損失」については,所得税の雑損控除の場合は,「資産について災害…による損失が生じた場合」(所法72①)とされ,法人税の場合は,「災害により当該資産が滅失し,若しくは損壊したこと又は災害による価値の減少に伴い当該資産の帳簿価額を減額したことにより生じた損失の額」(法令116①一)とされ,さらには,国税通則法が「震災,風水害,落雷,火災その他これらに類する災害により納税者がその財産につき相当な損失を受けた場合」(通則46①)とし,消費税法は,「災害その他やむを得ない事情により,当該保存をすることができなかつたことを当該事業者において証明した場合」(消法30⑦但し書き)とするなど,災害により資産等に損害が生じることが想定されている。[3]したがって,感染症拡大による経済損失への対応という点では,制度は予定していなかったといえる。

Ⅲ　特例法の制定

　近時の大災害,阪神・淡路大震災や東日本大震災を例にとれば,阪神・淡路

大震災の被災者等に係る国税関係法律の臨時特例に関する法律（平成7年法律11号），東日本大震災の被災者等に係る国税関係法律の臨時特例に関する法律（平成23年法律29号）が制定されている。通常の災害税制に対する特別法である。

Ⅳ　災害に関する平成26年度改正

消費税率を5％から8％に増税したのは2014（平成26）年4月であるが，この年の年度改正で災害への税制上の対応の規定が常設化され，発災後速やかに当該措置の実施を可能とする。これまで，阪神・淡路大震災や東日本大震災で制定された震災特例法を踏まえて，所得税，法人税，相続税，贈与税，酒税，自動車重量税など広範に特例が設けられた。特例の対象となる災害については，大規模災害に限定されず，住宅ローン減税の特例措置に見られるように，被災者生活再建支援法が適用される災害も対象となるなど，幅広い災害が特例の対象とされた。

1　雑損控除の見直し

従来，資産の損失金額は，損失の生じた時の直前における資産の価額（時価）を基礎として計算するものとされていた（旧所令206③）。この時価を基礎として計算する方法に，取得価額を基礎とする方法が追加され，納税者が時価による方法と取得価額を基礎とする方法のどちらかを選択できることとされた（所令206③）。

2　雑損控除の特例の創設

東日本大震災により被災した資産に係る震災関連原状回復支出について，その災害のやんだ日の翌日から3年以内に支出することができなかった居住者が，そのやむを得ない事情がやんだ日の翌日から3年以内に震災関連原状回復支出をした金額を災害関連支出の金額とみなして，雑損控除及び雑損失の繰越控除を適用することとされた（震災税特法4③，所法71・72，所令203）。

3　純損失の繰越控除の特例の創設

東日本大震災により事業用資産に損失が生じた場合において，震災関連原状回復費用についてやむを得ない事情によりその災害のやんだ日以後 3 年以内にその支出をすることができなかった居住者が，その事情のやんだ日以後 3 年以内にその支出をしたときは，その震災関連原状回復費用として支出した金額を災害に関連するやむを得ない支出の金額とみなして，被災事業用資産の損失の繰越控除を適用することができることとされた。

4　所得税の予定納税制度改正

災害等に係る国税通則法による納期限等の延長により，予定納税額の納期限がその年の翌年 1 月 1 日以後となる場合には，その延長された予定納税額の納期限が第 3 期に接近することとなるため，所得税の確定申告のみで手続きが完了する（期限延長対象の予定納税額はないものとする）こととされた（所法 104 ②）。

また，予定納税額等の通知について，その年 6 月 15 日において第 1 期予定納税額の納期限が延長され，又は延長される見込みである場合には，その年 7 月 31 日（その納期限が延長された場合には，その延長後の納期限）の 1 月前の日までに行うこととされ（所法 106 ①），延長後の第 1 期納期限がその年 12 月 31 日後となる場合には，上記改正により納付すべき予定納税額はないものとなるので税務署長の通知も要しないこととされた（所法 106 ④）。

5　所得税の減免申請要件の見直し

災害減免法による所得税の減免を受けるためには，当該制度の適用を受ける旨，被害の状況及び損害金額を記載した確定申告書を期限内に納税地の所轄税務署長に提出する必要があった（旧災免法令 2 ①）が，所得税の減免申請を期限内の申告だけでなく期限後申告，更正の請求，修正申告においてもできることとされた。

V　災害に関する平成 29 年度改正

災害の多発を受けて，それまで特別立法等によっていた災害への税制上の対

応の規定が平成 29 年度改正で常設化された。従来の対応のうち，個別の災害の事情・特性に左右されない範囲での制度化である。

1 災害損失欠損金の繰戻しによる還付制度の創設

災害のあった日以後 1 年を経過する日までの間に終了する各事業年度又は災害のあった日以後 6 月を経過する日までの間に終了する中間期間において生じた欠損金額のうち，災害損失欠損金額がある場合には，2 年（白色申告は 1 年）間の繰戻し還付を受けることができることとされた（法法 80 ⑤）。

2 仮決算による中間申告における所得税額の還付制度の創設

災害のあった日から 6 月を経過する日までの間に終了する中間期間において生じた災害損失金額がある場合には，その仮決算による中間申告によって，その災害損失金額を限度として，その課された所得税の額で法人税の額から控除しきれなかった金額を還付することとされた（法法 72，75）。

3 中間申告書の提出不要

国税通則法による申告期限の延長により，中間申告書の提出期限とその中間申告書に係る確定申告書の提出期限とが同一の日となる場合には，その中間申告書の提出を要しないとされた（法法 71 の 2）。中間申告は確定申告の前にするものだからである。個別申請による期限延長もこれに該当する。

4 住宅ローン控除

災害により居住の用に供することができなくなった場合の住宅ローン税額控除の継続適用及び重複適用ができることとされた（措法 41 ㉔，41 の 2）。

Ⅵ　ウイルス感染症に直面して

世界的な感染症は，1976（昭和 51）年にエボラ出血熱，1981（昭和 56）年にエイズ（AIDS，後天性免疫不全症候群）が出現するなど，ここ 30 年の間に少なくとも 30 の感染症が新たに発見されている。さらには，2003（平成 15）年には

重症急性呼吸器症候群（SARS）が出現し，また，高病原性鳥インフルエンザウイルスの流行などが発生している。我が国でのパンデミックは，1918（大正7）年のいわゆるスペイン風邪で2,500万人が感染し38万人が死亡したといわれる。COVID-19はそれに次ぐものといえようか。したがって，その被害に対する税制に備えがないのも理解できないわけではない。

それでは，コロナ禍ではどのような税制・税務行政対応となっているかを概観しておきたい。

1 行政の対応

2020（令和2）年2月27日夕刻，国税庁はCOVID-19感染拡大が危惧される中，申告所得税・贈与税及び個人事業者の消費税の申告納付期限を4月16日（木）に延長すると発表した。[6]全国的で一律的な期限延長は初めてのことと思われる。安倍首相（当時）が学校の一斉休校を要請したのが2月27日であり，それらに合わせたものとみられる。[7]

政府は4月7日に「緊急事態宣言」を行い，4月8日午前零時に発効した。[8]すでに，厳しい経営に陥っている事業者が増大して，倒産や廃業の淵に追い込まれつつある状況下であった。確定申告期限一括延長は期日の延長がされないまま終了した。緊急事態宣言直前の4月6日に国税庁は記者会見を開いて個別延長による対応方針を明らかにした。つまり，納税者一人ひとり，各企業の判断による個別延長申請の簡素化が図られたのである。[9]個別延長ができるのは，申告だけではなく申請や請求，届出書の提出のほか納付・徴収期限も対象となる。そして，その場合の申告期限と納付期限は「申告書の提出日」となる。

さらに，国税庁は4月13日付で，法人税基本通達と租税特別措置法通達の一部改正を行った。法人が，COVID-19に関連して従来の自然災害時と同様に寄附金や交際費等に該当しないものとして取り扱うことができるのかの疑義が生じたと説明している。

【災害の場合の取引先に対する売掛債権等の免除等】

新型インフルエンザ等対策特別措置法の規定の適用を受ける新型インフルエンザ等（COVID-19が該当）が発生し，外出自粛等の要請など自己の責めに帰す

ことのできない事情が生じたことにより，売上等が減少し資金繰りが困難となった取引先に対する支援として行う債権の免除または取引条件の変更について，寄附金の額や交際費等に該当しないものと取り扱う。

【災害の場合の取引先に対する低利又は無利息による融資】

新型インフルエンザ等により資金繰りが困難となった取引先に対する支援として行う低利または無利息による融資について，正常な取引条件に従って行われたものと取り扱う。

【取引先に対する災害見舞金等】

同様に，取引先に対する支援として行った金銭の支出または事業用資産の供与もしくは役務の提供のために要した費用について，交際費等に該当しないものと取り扱う。

【下請企業の従業員等のために支出する費用】

同様に，取引先に対する支援として，下請企業の従業員等に対し支出する見舞金品について，交際費等に該当しないものと取り扱う。

2 特例法の制定

「新型コロナウイルス感染症等の影響に対応するための国税関係法律の臨時特例に関する法律」（令和2年法律25号）は，4月20日に閣議決定され，4月30日に成立し同日施行された。その内容は次のとおりである。

納税の猶予制度の特例

COVID-19の影響により令和2年2月以降の収入に相当の減少があり，納付することが困難である事業者等に対し，無担保かつ延滞税なしで1年間納税を猶予する特例。[10]

欠損金の繰戻しによる還付の特例

資本金1億円超10億円以下の法人の令和2年2月1日から令和4年1月31日までの間に終了する各事業年度において生じた欠損金額について，欠損金の繰戻しによる還付制度の適用を可能とする特例。

文化芸術・スポーツイベントの中止等に係る所得税の寄附金控除の特例

政府の自粛要請を踏まえて文化芸術・スポーツに係る一定のイベント等を中

止等した主催者に対して，観客等が入場料等の払戻請求権を放棄した場合には，当該放棄した金額（上限20万円）について寄附金控除（所得控除又は税額控除）を適用。

| 住宅ローン控除の適用要件の弾力化 |

COVID-19の影響による住宅建設の遅延等により，令和2年12月31日までに居住の用に供することができなかった場合等についても，一定の要件を満たすときは，期限内に居住の用に供したものと同様の住宅ローン控除が受けられるよう適用要件を弾力化。

| 消費税の課税事業者選択届出書等の提出に係る特例 |

新型コロナウイルス感染症の影響により令和2年2月以降の収入が著しく減少した事業者に係る消費税の課税選択について，課税期間開始後における変更を可能とする特例。

| 特別貸付けに係る契約書の印紙税の非課税 |

COVID-19によりその経営に影響を受けた事業者に対して，公的金融機関や民間金融機関等が行う特別貸付けに係る契約書について，印紙税を非課税とする措置。

このほか，中小企業等経営強化法に基づき，中小企業がテレワーク等のために行う設備投資について，中小企業経営強化税制の対象に加えられている。

Ⅶ　納税の猶予の特例

新型コロナ税特法による特例のうち，納税の猶予特例についてみておく。

従来の猶予制度には，①換価の猶予（国徴151，151の2）と②納税の猶予（国通46）があるが，COVID-19の影響により収入が大幅に減少した納税者向けに，③納税の猶予の特例（特例猶予）が創設された。納税の猶予は，「災害により納税者がその財産につき相当な損失を受けた場合」を要件としており，換価の猶予は，「その財産の換価を直ちにすることによりその事業の継続又はその生活の維持を困難にするおそれがあるとき」ほかを要件としている。

国税庁は3月9日には，通達「新型コロナウイルス感染症の発生に伴い納税が困難な者への対応について（指示）」を発遣したが，「各種イベントの中止・

延期，観光客等の急減等により，売上が著しく低下して納税資金の捻出ができないことが想定される」としながらも，「財産に相当の損失を受けた場合については，…納税の猶予を適用して差し支えない」とするなど，あくまでも「物的」な損失へのこだわりをみせ，ほとんどのコロナ被災者はこの通達を活用できないものとなっていた。

これに対し，納税の猶予の特例は，令和2年2月1日から令和3年2月1日に納期限が到来する国税については，①COVID-19の影響により，令和2年2月以降の任意の期間（1か月以上）において，事業等の収入が前年同期と比較して，おおむね20％以上減少しており，②国税を一時に納付することが困難な場合において，申請により，納期限から1年間，納税の猶予（特例猶予）が認められることとされた（新型コロナ税特法3）。[11]

COVID-19の被害としてはほとんど起こり得ない「物的」な損失に固執し，事例数においても損失額においても圧倒的に多い「金銭的・経済的な損失」（収入の減少）を認めていなかった点を補完するものであり，その点は評価できる。ただ，この特例は，あくまでも国税通則法46条1項を基本に据えた措置であることから，基本的には当面発生が見込まれる国税に限定され，現に滞納となっている国税がCOVID-19感染拡大に起因して，より納付困難になっているという場合は対象とされない。また，猶予期間も1年限りで延長ができない。同法46条2項1号（災害等に基づく納税の猶予）は，「納税者がその財産につき，震災，風水害，落雷，火災その他の災害を受け…たこと」に該当し，納付困難，納税者からの申請を要件として延滞税の全額免除を規定しているが，こうした不都合をカバーするためには，この条項を基本に据えたさらなる措置が求められよう。

Ⅷ 「収入減少」という被災への対応

これまでの災害税制，被災者救援税制は，住宅等への物的損害を前提として構成されてきた。

例えば，雑損控除は，「居住者又はその者と生計を一にする配偶者その他の親族で政令で定めるものの有する資産…について災害又は盗難若しくは横領に

よる損失が生じた場合」に一定額を所得金額から控除するというもので，資産に対する損害を前提にしている。

　また，「災害被害者に対する租税の減免，徴収猶予等に関する法律」の場合は，「（震災，風水害，落雷，火災その他これらに類する災害）により住宅又は家財について甚大な被害」を対象として所得税等を軽減し免除するとしている。

　COVID-19の場合，資産への影響は少ないだろうから被害の額は算定できず，それよりは収入の激減による生計や営業への影響が深刻なものと思われる。そのような場合には納税の猶予以外には税制は無力に近く，政府の支出による補助金等での対応が求められるのだが，自粛要請等による事業者への支援は持続化給付金・家賃支援給付金が用意されたが，給与所得者の減収補償は利用勝手の悪い雇用調整助成金以外にはほとんど考慮されていない。もっとも，ウイルス感染後の消毒作業等による資産への損失は控除（算入）対象となるし，感染急拡大防止のための費用もまた同じ取り扱いになろう。

　このように，災害による損失というとき，住宅や家財，事業用資産への被災による損失を指している。所得税でみれば，雑損控除も災害減免法による減免も担税力の減殺からの救済を目的としているはずであるが，ウイルスは人体に被害を及ぼし，結果として経済にダメージを与え，事業のみならず被用者を直撃するから，上記のような税制では不十分すぎる。

まとめとして

　報告者は，東日本大震災の年に「大震災と税制」をテーマに開催された本学会第23回大会（2011（平成23）年11月）において，所得税雑損控除につき，対象資産・災害関連費用の範囲，災害の範囲拡大を図る制度改変，超過累進税率の下での雑損失繰越控除に定額（均分）繰越，繰戻し還付制度の導入。そして，水没した土地の取り扱いの検討などを提言した。[12]　また，翌年には税理士新聞に「規模を問わない災害税制の平時制定を」と題して，①雑損控除の適用年分や対象期間，雑損失の繰越年分の範囲拡大などの恒久化，②雑損控除と災害減免法の関係，資産損失の必要経費算入と雑損控除との関係，災害減免法の位置づけと機能の見直しなど，税制面における災害救済制度の再構築を提言した。[13]　そ

の後，平成26年度と29年度改正で災害特例税制の常設化が図られたが，上記提言は実現をみていない。

　COVID-19の収束（終息）は見えていない。政府も長期戦に言及している。同時に，今後，近い将来においても新たな感染症の蔓延化という事態が起こり得ることも想定すべきであろう。

　今後の備えという観点から，国税通則法をはじめ各税法において，①災害の定義を広義に見直すとともに，災害の範囲に「感染症」を明文化すること，②災害等の損失の対象を物的な財産にのみ限るのではなく，「収入の減少」等を明文化すること，③負の所得税を含む税額控除制度を組み合わせて実効性を高めること，そして，④各種給付金・補助金に対する非課税措置の見直しも必要になる。また，特例猶予は，結局は納税の先延ばしであり，期限延長を含め根本解決にはならないから，被災者の負担軽減（減免）を図る災害税制，被災者救援税制の確立が求められる。

　かつて経験したことのない悪環境の下でも，所得税の確定申告は9割が4月16日までに提出を済ませたという。納税者の税務行政への協力度は高い。申告納税制度の本旨からすれば，納税者への信頼を前提とした納税者支援の税務行政の確立を求めたい。税務行政が，この未曾有の長丁場の経験の中で，納税者支援のシステム化を図ることを望みたい。そのことが申告納税制度を間違いなく支えることになろう。

【補遺】

　本報告の後，COVID-19の感染は急拡大し，大晦日の12月31日，東京都内で1日の感染者数が初めて1,000人を超えて最多の1,337人となった。入院患者も過去最多，重症の患者も緊急事態宣言が解除された後では最も多くなるなど，医療提供体制の逼迫の度合いが増すことも懸念される事態となった。政府は，年が明けたばかりの2021（令和3）年1月7日に緊急事態宣言を行い，その期間を1月8日から2月7日までとし，埼玉県，千葉県，東京都，神奈川県を緊急事態措置区域としたのを皮切りに，措置区域を増減させながら，2月8日以降3月7日まで期間を延長した。3月5日にこの期間を3月21日まで延

長したが，3月21日をもって緊急事態宣言を終了した。

　しかし，2月3日成立の新型インフルエンザ等対策特別措置法等の改正に基づき，まん延防止等重点措置区域に宮城県，大阪府，兵庫県を指定し，4月5日から5月5日までの間とされた。4月12日以降は東京都に拡大して5月11日までに，京都府，沖縄県を5月5日までとした。さらに，4月20日以降は埼玉県，千葉県，神奈川県，愛知県につき5月11日までとしたが，遂には，4月23日に3度目の緊急事態宣言を行うこととなった。対象区域となる都府県により，そして緊急事態措置区域，重点措置区域により期間が区々となり，5月7日には期間を5月31日まで延長，新たに追加された群馬県，石川県，熊本県は6月13日までとした。北海道，東京都，愛知県，京都府，大阪府，兵庫県，岡山県，広島県，福岡県，沖縄県については，緊急事態措置実施期間について5月23日から6月20日までとされ，埼玉県，千葉県，神奈川県，岐阜県，三重県のまん延防止等重点措置実施期間も6月20日まで延長することとされた（本稿執筆時まで）。

　英国ボリス・ジョンソン首相から，英国で感染力が7割強くなった変異株が出現し急速に英国内で拡大しているとの声明が出されたのは2020（令和2）年12月19日である。年が明けて，1月19日には静岡県で市中感染と思われる変異株による症例が確認されて以降，従来株が英国型変異株に9割以上が置き換わったとされ（国立感染症研究所），さらにはインド型変異株に置き換わる可能性が危惧されている。

　こうした事態の推移の中で，国税庁は，2月15日付国税庁告示3号により，前年同様に国税通則法施行令3条2項に基づいて，税務署長に対して申告，申請，請求，届出その他書類の提出又は納付をすべき個人が行うこれらの行為についての期限を4月15日に延長することとした。ただし，申告書の余白等に所定の文言を記載する「簡易な方法による個別延長[14]」は同日で廃止され，4月16日以降は，「災害による申告，納付等の期限延長申請書」を提出する本来の手続き（通則11）に戻された[15]。また，納税の猶予の特例（新型コロナ税特法3）は，申請期限である令和3年2月1日をもって終了した[16]。

　COVID-19の感染が拡大する状況下で，しかもその収束がまったく見通せな

い中で，コロナ対応の施策が終了していくのは，あたかもポストコロナを模索
しているかに見えなくもない。しかし，現実は感染再拡大が危惧されるさなか
にあり，かかる対応策の店じまいともいうような事態は，政治の問題であると
同時に，行政対応の問題でもある。災害対応税制の改革が一層強く求められる。

注
1) 生物とは，動物・菌類・植物・藻類などの原生生物・古細菌・細菌などの総称だが，
ウイルスは生命の最小単位である細胞や細胞膜ももたない，小器官がない，自己増殖す
ることがないことから，生物かどうかについて議論がある。
2) 国税通則法基本通達（徴収部関係）11 条関係 1 では，災害の範囲を①地震，暴風，豪
雨，豪雪，津波，落雷，地滑りその他の自然現象の異変による災害，②火災，火薬類の爆
発，ガス爆発，交通途絶その他の人為による異常な災害，③申告等をする者の重傷病，<u>申
告等に用いる電子情報処理組織で国税庁が運用するものの期限間際の使用不能その他の
自己の責めに帰さないやむを得ない事実</u>，としており，生物による異常な災害は含まれ
ていない（下線部分は平成 29 年改正で付加）。
3) 現に受けた資産の損害額にとどまらず，復旧費用や予防の費用も制度適用の対象とさ
れているが，いずれにしても，資産に対する損害が災害税制・被災者支援税制の適用の
対象とされている。
4) 「自然災害によりその生活基盤に著しい被害を受けた者に対し，都道府県が相互扶助の
観点から拠出した基金を活用して被災者生活再建支援金を支給するための措置を定める
ことにより，その生活の再建を支援し，もって住民の生活の安定と被災地の速やかな復
興に資することを目的とする」（同法 1 条）。制度の対象となる自然災害は「10 以上の世
帯の住宅が全壊する被害が発生した市町村」（同令 1 条）等とされる。なお，この場合の
自然災害の範囲は，「暴風，豪雨，豪雪，洪水，高潮，地震，津波，噴火その他の異常な
自然現象により生ずる被害」である。
5) 報告者は，本学会 23 回大会において，雑損控除における時価を基礎とする法令規定と
国税庁通達による簡便法との矛盾があり，租税法律主義の問題がある旨指摘していた
（租税理論研究叢書 22「大震災と税制」法律文化社，2012 年，P.18〜）。
6) 国税庁はこの発表から 1 週間後の 3 月 5 日には主要新聞に広告を掲載し，翌 6 日付で
正式に申告期限等の延長を告示した（国税庁告示 1 号）。
7) 具体的には，2 月 26 日開催の第 14 回新型コロナウイルス感染症対策本部会議での
「政府といたしましては，この 1，2 週間が感染拡大防止に極めて重要であることを踏ま
え，また，多数の方が集まるような全国的なスポーツ，文化イベント等については，大規
模な感染リスクがあることを勘案し，今後 2 週間は，中止，延期又は規模縮小等の対応
を要請することといたします。」との首相発言を踏まえた判断とみられる。
8) 4 月 7 日に新型コロナウイルス感染症対策本部長（内閣総理大臣）が，新型インフル
エンザ等対策特別措置法 32 条 1 項に基づき「緊急事態宣言」を行った。緊急事態措置を
実施すべき期間は 4 月 7 日から 5 月 6 日までの 29 日間とされ，さらに 5 月末まで延長さ

れたが，5月25日に「緊急事態解除宣言」（同法32⑤）がなされた。

9)　国税庁は，災害による申告，納付等の期限延長申請書を提出しなくても申請を認めるという柔軟な取り扱いを示した。「申請や審査の手続を極力簡素化した上，申請者の置かれた事情に配慮して迅速かつ柔軟な対応を行う」とした閣議決定（4月7日）に沿うものとみられる。

10)　令和2年2月1日から令和3年2月1日までに納期限が到来する国税が対象である。

11)　財務省は，令和2年4月7日付で「納税を猶予する特例制度」（案）を公表し，法案成立前から「新型コロナウイルスの影響により納税が困難な方へ／無担保・延滞税なし」というチラシを配布する手当てがなされた。

12)　前掲5）P.23-24参照。

13)　「税理士新聞」2012（平成24）年3月25日付1371号。

14)　前掲9）参照。簡易な文言とは，申告書右上余白に「新型コロナウイルスによる申告・納付期限延長申請」と付記するという方法である。申請書等の提出は不要とされた。

15)　国税庁HP上の「国税における新型コロナウイルス感染症拡大防止への対応と申告や納税などの当面の税務上の取扱いに関するFAQ」（令和3年4月6日更新）の「2　申告・納付等の期限の個別延長関係」の問1－3参照（https://www.nta.go.jp/taxes/shiraberu/kansensho/faq/pdf/faq.pdf）。

16)　国税庁によれば，「納税の猶予制度の特例」（特例猶予）について，猶予申請を許可した件数は，322,801件，その税額は1,517,647百万円である（令和3年3月3日付報道発表資料：https://www.nta.go.jp/information/release/pdf/0021003-001.pdf）。

4 パンデミック下における国税通則法 11 条の適用を巡る諸問題
—— 個別指定の申請に対する国税庁の特別な対応を素材として ——

高 木 英 樹
（産業能率大学経営学部教授・税理士）

はじめに

パンデミック[1]となった新型コロナウイルスの感染拡大に伴って，国税に基づく申告・納税などの行為をその期限までにできない場合への対応として，国税庁は国税通則法（昭和 37 年法律第 66 号，以下「通則法」という）11 条《災害等による期限の延長》を根拠にその申告・納税などの期限の延長を行ってきた[2]。本稿では通則法 11 条の期限の延長に焦点を当て今般のパンデミック下での国税庁の対応につき若干の検討を行い，国税庁の特別な対応に対する法令解釈上の問題点を指摘して，今後の国税庁等の対応及び法令改正への示唆を提示することを目的とする。

本稿の構成は，Ⅰで通則法 11 条の概要を確認し今般のパンデミック下における国税庁の対応を検討し問題点を指摘する。その問題を踏まえてⅡで通則法 11 条及び国税通則法施行令（以下「通則令」という。）3 条《災害等による期限の延長》3 項の申請に対する期限の延長の効力がいかなる場合に生じるのか，Ⅲでその申請の求めに対して国税庁長官等が諾否の応答をすべきものか検討する。これらの検討を踏まえた上でⅣで今後の国税庁の対応及び法令改正について言及をする。

Ⅰ パンデミック下における通則法 11 条の適用

1 通則法 11 条の概要

通則法 11 条は，災害その他やむを得ない理由により，国税に基づく申告・納税などの行為を期限までにできないと認められるときに，その期限を延長す

るもので，国税庁長官等がその理由がやんだ日から2月以内に限りその期限を[3)]
延長することができると規定する。同条は，「申告，申請，請求，届出その他書
類の提出，納付又は徴収に関する期限」が延長されることから，納税の期限に
限定して延長を行う納税の猶予（通則法46条）や滞納処分の執行を猶予する換[4)]
価の猶予（国税徴収法151条，151条の2）等の制度に比べて，広い範囲の行為[5)]
が対象となっている。

通則法11条により納期限が延長された場合には，法定納期限（通則法2①
八）が延長されるので，納税者にとっては期限の利益が与えられる。延長期間
は滞納処分の対象にならないことはもちろん，延滞税や利子税も課されない
（通則法63②）。

通則法11条は，通則令3条に委任をしており，地域指定，対象者指定及び
個別指定の3つの期限延長がある。

2　地域指定とパンデミック下でのその未利用

地域指定（通則令3①）は，災害その他やむを得ない理由により，法律に基づ
く期限までに申告や納付等ができないと認められる者が都道府県の全部又は一
部の地域にわたり広範囲に生じたと認められるときに，国税庁長官が地域及び
期日を指定して，その期限を延長するものである。この地域指定は今般のパン[6)]
デミック下では利用されていない。

3　対象者指定とパンデミック下での2回の運用

対象者指定（通則令3②）は，災害その他やむを得ない理由により，法律に基
づく期限までに，特定の税目に係る申告等の行為ができないと認める者が多数
に上ると認められるときに，国税庁長官がその対象者の範囲及び期日を指定し
て，その期限を延長するものである。[7)]

対象者指定は今般のパンデミック下で2回利用され，対象者はいずれも所得
税・贈与税・消費税等に関する法令の規定等に基づき税務署長に申告・申請・
請求・届出その他書類の提出又は納付をすべき個人であった。1回目は令和2
年2月27日から4月15日までに到来する申告等期限を令和2年4月16日と

し，2回目は令和3年2月2日から4月14日までに到来する申告等期限を令和3年4月15日とするものであった。[8][9]

　対象者指定の要件から，これら2回の指定は国税庁が今般のパンデミックの影響によって所得税等の税目の申告や納付という行為ができないと認める者が多数に上ると判断したことになる。

4　地域指定と対象者指定のパンデミック下での運用について

　ただし，今般のパンデミックで対象者指定は2回しか行われておらず，また地域指定は利用されていない。特定の都道府県に非常事態宣言等が発出されたことに鑑みれば，地域指定やさらなる対象者指定の運用も検討されたと思われるがこれらの発出はなかった。その理由は明らかでないが，これらの指定の予定する対象者は多数に上りその対象者の中には必ずしも期限の延長が必要でない者も含まれてしまうという制度の使い勝手の悪さが影響したのかもしれない。そのためか国税庁は次に述べる個別指定の運用で特別な対応を行っている。

5　個別指定の法令解釈について

　個別指定（通則令3③）は，災害その他やむを得ない理由により，法律に基づく期限までに，申告や納付等の行為ができないと認めるときに，その行為をすべき者の申請により，国税庁長官・国税不服審判所長・国税局長・税務署長等が，その理由のやんだ日から2月以内の期日を指定してその期限を延長するものである。その申請はその理由がやんだ後相当の期間内にその理由を記載した書面でしなければならない（通則令3④）。[10]

　個別指定は，地域指定や対象者指定と異なり，国税庁長官等がその行為をすべき者の申請により（以下「申請要件」という），期日を指定して（以下「期日指定要件」という），期限を延長すると規定することを特徴とする。

　個別指定の災害その他やむを得ない理由により，法律に基づく期限までに，申告や納付等の行為ができないと認めること（以下「審査要件」という）は，地域指定や対象者指定と同様であるが，個別指定の審査要件は申請要件を前提とする点で地域指定や対象者指定と決定的に異なる。なぜなら，地域指定や対象

者指定は事前に国税庁長官が地域や対象者を指定して期限の延長が行われるのに対して，個別指定は申請により，期日を指定して期限を延長するから，理由付記された申請を審査した上で期日を指定するという順序をたどらざるを得ないからである。

つまり，個別指定は①申請，②審査，③期日指定という順序をたどってはじめて期限の延長の効力が生ずることとなる。また，申請者と審査者は異なるため，期日指定は審査者から申請者に通知（以下「応答」という）されるのが通常であろう。

しかし，今般のパンデミック下における国税庁の個別指定の対応は必ずしもそのようになっていない。そこで次にパンデミック下での個別指定の対応につき確認する。

6 パンデミック下での個別指定の国税長の対応について

個別指定につき，国税庁は令和 2 年 4 月 16 日[11]から同 3 年 4 月 15 日[12]までの 1 年間継続して特別な対応を行うとしてきた。それは国税庁の HP などで「申告所得税，贈与税及び個人事業者の消費税の申告・納付期限の個別指定による期限延長手続に関する FAQ[13]」（以下「FAQ」という。）などにより周知されてきた。FAQ では新型コロナウイルスの影響により確定申告がその期限内にできない場合の具体例を挙げて，当初の法定申告期限以降であっても柔軟に確定申告書を受け付けるとし，その手続については FAQ 問 4 で「別途，申請書等を提出[14]していただく必要はなく，申告書の余白に『新型コロナウイルスによる申告・納付期限延長申請』旨を付記」すればよいとし，さらに「申告期限及び納付期限は原則として申告書の提出日[15]」とする対応を行っていた。

7 パンデミック下での個別指定の対応の問題点について

この国税庁の個別指定に対する特別の対応によれば，提出した確定申告書は申請書も兼ね，申告期限及び納付期限を申告書の提出日とするから，申請書の提出日が申告期限及び納付期限と同日となり，期限延長申請から申告及び納付期限までの間にはその申請に係る審査期間が存在しないという問題（問題 1）

が生ずることとなる。¹⁶⁾

このことは，審査要件を満たさないことから，期限の延長の効力の発生の問題に接続する。つまり，個別指定の申請は，法人税法75条《確定申告書の提出期限の延長》5項のような期限延長又は却下の処分がなかったときは期限の延長がされたものとみなす旨の規定がないから，個別指定による期限延長の効力がいかなる要件を満たしたときに生じるのという問題（問題2）である。

また，もしその期限延長の効力が税務署長等の側で期限の延長の決定をすることで生じ，申請者に対する応答通知の義務がないと解されるとしても，どの時点でその申請の内容が審査され，またその延長の決定又は拒否処分が行使されるかが申請者に対して明らかにされなければ，この対応は納税者の側に法的安定性や予測可能性が担保されないという問題（問題3）を生ずる。このことは，申請者に対し税務署長等から応諾の応答がなければ，その申請者にとって期限の延長の効果が生じているのか知る由もないことから明らかである。この場合，後になって個別指定の要件を満たさないとして申請に対する期限延長の拒否がされたときは，その申請と同時に行った申告について無申告加算税（通則法66）や延滞税（通則法60）又は利子税（通則法64）の賦課がされる可能性がある。¹⁷⁾かような賦課決定処分が申告書等の提出後になって行われる可能性は否定できない。¹⁸⁾それゆえ，期限延長の審査の時点，その効力の発生時点を客観的に明らかにすることは重要であろう。

8 小 括

個別指定は，上述5のとおり申請要件・審査要件・期日指定要件（以下「3要件」という）のすべてを満たすことにより期限の延長の効果が生じる。したがって，FAQに基づいた国税庁の特別な対応の表示に従って，申告書等と申請書を同時に提出した場合には，3要件を満たし期限の延長の効力が発生しているかが問題となる。

この点，あらかじめFAQで「申告期限及び納付期限は原則として申告書の提出日」と表示して申請者に周知しているから，これが国税庁等の公的な見解の表示として期日指定要件を満たし期限延長の効力が生じるとの解釈もあり得

る。ところが，パンデミック下での「やむを得ない理由」やその「理由のやんだ日」は個々人によって態様が異なる。それゆえ，原則として個別指定はその理由の存否や態様を個々の申請により審査をして，その上で延長の可否又は延長の期日を判断して期日を指定するというプロセスを踏まえざるを得ないと考えられる。このプロセスは個別指定の規定の文理上導かれるものであるから，あらかじめ FAQ で期日の指定をして期限延長の効力が生じるとの解釈は妥当ではないと思われる。

　したがって，個別指定の期限延長の申請のうち応答のない申請は，審査要件・期日指定要件の 2 要件を満たさず，期限延長の効力が発生していないと解される懸念は拭えない。この懸念を確認するため次章では裁判例を検討する。

II　個別指定の申請に対する期限延長の効力

1　医師の無申告逋脱犯事件の概要

　ここでは，個別指定の申請に対し税務署長等から応答がない事実の下で，黙示の決定があったと解して期限延長の効力が生じたと見る余地があるかを争った裁判例を素材に検討する。

　事案は，医師の無申告逋脱犯事件[20]（以下これを「本事件」という。）で，控訴審は東京高裁昭和 57 年 11 月 10 日判決（判例時報 1083 号 152 頁，以下「本件東京高裁」という）で，上告審は最高裁昭和 60 年 2 月 27 日第一小法廷判決（刑集 39 巻 1 号 50 頁，以下「本件最高裁」という[21]）である。

　本事件は，所得税の逋脱が争われた事案で，医師 X（被告人）が所得秘匿工作を行った上で確定申告・納付期限までにその手続きをせず期限を徒過したという無申告逋脱犯を訴因とする。X は昭和 53 年分所得税の確定申告・納付期限である同 54 年 3 月 15 日当時，医師法違反の被疑事実により勾留され，かつ主な収入・経費を記入した書類を捜査当局に押収されており，X は，同 53 年分所得税の確定申告・納付をできないやむを得ない理由があるとして[22]，同 54 年 3 月 10 日に通則法 11 条に基づき所轄税務署長に対して期限延長を申請していた[23]。しかし，これに対する税務署長の応答がないままその期限を経過するに至ったものである。

争点は，① 申請に対し黙示に延長の決定がされて期限が延長されたか否か，②通則法 11 条所定の「災害その他やむを得ない理由」の解釈とその適用可否などであるが，本稿では①に関心を寄せる。

　X の主張は，X 自身が身柄拘束され関係書類も押収された状況下で 3 月 10 日に期限延長の申請をしたが，税務署長からの応答がないまま所得税の確定申告期限を経過したため，このことは税務署長の黙示の延長許可があり X の申請のとおり申告・納付の期限は延長され，また，申請理由とした書類押収や身柄拘束の事実が通則法 11 条にいう「災害その他やむを得ない理由」に該当するというものである。

2　本件東京高裁の判断

　本件東京高裁は，結論として「税務署長の延長の決定がなされてはじめて延長の効果が生ずる」と解釈基準を示した。その上で「申請に対し何等の応答を与えなかつたことによつては…期限延長の効果が生ずると解する余地はな〔い〕」として X の主張を採用しなかった。

(1)　3 つの必要要件

　同高裁の法令解釈でまず，通則法 11 条につき「所轄税務署長は，同条所定の災害その他やむを得ない理由により期限までにそれらの行為をすることができないと認めるときは，その理由のやんだ日から 2 月以内に限り当該期限を延長することができるとされているに止まつている」と指摘している。この「…認めるときは，…延長する…に止まつている」との指摘（指摘 1）は，「…認める」ことを延長の必要要件であると示唆する点で注目される。

　さらに，同高裁は「法人税法 75 条 5 項のような，却下の処分がなかつたときは期限の延長がされたものとみなす旨の規定が設けられていないから，所得税確定申告書の提出に関する期限については所轄税務署長の延長の決定がなされてはじめて延長の効果が生ずると解するのが相当」とする。この「みなす旨の規定が…ないから，…延長の決定がなされて…効果が生ずる」との指摘（指摘 2）は，税務署長の「延長の決定」を必要要件であると示唆している点で注目される。ここで，同高裁のいう「延長の決定」の意味が問題となるが，これ

は，通則令 3 条 3 項が「申請により，期日を指定して当該期限を延長する」と
規定するから，「期日を指定して延長する」ことを意味すると解される。

同高裁は続けて「申請に対し何等の応答を与えなかつたことによつては…延
長の効果が生ずると解する余地はなく」と指摘（指摘 3）するから，「申請」も
必要要件と判断していると解することができよう。なお，同高裁は事実認定に
おいて申請があったことを認めている[24]。

3 つの指摘から同高裁は，「…認める」，「延長の決定」及び「申請」という，
少なくとも 3 つの必要要件を示唆していることが分かる。これは，申請書の提
出（申請要件），やむを得ない理由により申告ができないと認める（審査要件）
及び期日の指定（期日指定要件）の 3 要件がすべて満たされてはじめて期限の
延長の効果が生ずるとの通則法 11 条及び通則令 3 条 3 項の文理解釈に整合す
る。

以上のとおり，同高裁が少なくとも 3 要件すべてを必要要件と示唆している
ことは意義がある。それは，通則法 11 条及び通則令 3 条 3 項が少なくとも審
査要件や期日指定要件を必要要件としているのに対して，法人税法 75 条 5 項
は必ずしもこれらを要件とせずとも延長の効力を発生させ得るからである。す
なわち，後者はたとえやむを得ない理由により申告できないと認められない
（審査要件を満たさない）としても一定期限の経過を要件に効力が生ずるのに対
して，前者はみなし規定がないため審査要件や期日指定要件を含めたすべての
必要要件を満たしてはじめてその効力が生じ得るからである。

(2)　申請に対する「応答」

さらに，本件東京高裁が「したがつて，所轄税務署長が提出期限延長の申請
に対し何等の応答を与えなかつたことによつては，黙示に申請どおりの延長決
定をしたと見ることができないのはもとより，当該提出期限延長の効果が生ず
ると解する余地はなく，右の延長の効果が生じていることを前提とする所論は
採用できない。」とする判断に着目してみよう。同高裁は「申請に対し何等の
応答を与えなかつた」ことによっては「期限延長の効果が生ずると解する余地
はな〔い〕」と断じているのであり，つまり申請に対し何らかの「応答」がある
べきことを示唆していると考えられる。

申請に対する「応答」が必要であるかは，通則令3条3項の文理からは必ずしも明らかではないが，申請の意義がそもそもそれに対する「応答」をすべきことをも包含しているとの解釈も可能である。この点は，行政手続法における申請の意義と接続するので，Ⅲで検討する。

以上のとおり，本件東京高裁は「所轄税務署長の延長の決定がなされてはじめて延長の効果が生ずる」と解釈基準を示し，そのためには申請要件・審査要件・期日指定要件の3要件を少なくとも満たす必要があることを示唆した。さらに「申請に対し何等の応答を与えなかつたことによつては…期限延長の効果が生ずると解する余地はな〔い〕」として，申請に対する何らかの「応答」があるべきことを示唆している。

3　本件東京高裁の判断の先例性と本件最高裁の判断

延長の効果の生ずる要件につき本件東京高裁は3要件の必要性を示唆したが，最高裁は延長の効果の要件が何かという点には言及をしていない。したがって，3要件のすべてを満たさなければ，期限延長の効力が生じないとの本件東京高裁の判断は先例となり得る点をここで指摘しておきたい。

なお，本件最高裁は「災害その他やむを得ない理由」の有無に言及をしてXの上告を棄却している。つまり，本件最高裁は審査要件の検討のみを行い判断をしている。これは，審査要件を満たさなければ他の必要要件の可否を検討するまでもないとの判断に基づいたものかもしれない。

4　小　括

本章では，医師の無申告逋脱犯事件を取り上げて，申請要件・審査要件・期日指定要件の3つの必要要件のすべてを満たさなければ期限延長の効力が生じないとの本件東京高裁の判断を確認し，これは通則法11条及び通則令3条3項所定の期限延長の先例となり得ることを指摘した。

これは，今般のパンデミック下における期限延長の申請で必要要件を満たさないものの効力に影響し得る。この影響への対応としてⅣで若干の提案を行うが，その前にⅢで行政手続法の制定が今日的な通則令3条3項の申請の意義に

与える影響について若干の検討を行いたい。

Ⅲ　通則令 3 条 3 項の申請の意義の検討

　ここでは，Ⅱで取り上げた本事件当時はなかった行政手続法（平成 5 年法律第 88 号，以下「行手法」）が制定されたことにより，通則令 3 条 3 項の「申請」の意義がより明確になるのではないかとの問題意識の下で若干の検討を行う。

1　行手法と通則法の関係

　まず，行手法と通則法との関係について検討を行う。もし，通則法 11 条及び通則令 3 条 3 項所定の申請の意義について，行手法が通則法の一般法であると解され，他方で特別法である通則法における同法 11 条及び通則令 3 条 3 項の申請の手続きについて特段の規定がないのであれば[25]，行手法における申請の意義を通則法における申請の意義と同一に解すべきである[26]。そこで，行手法に定義される申請が通則法における申請と同義に解するべきかという観点で，両法律の関係を検討する。

（1）　行手法 1 条による検討

　まず，行手法 1 条《目的等》1 項は，処分等を定める手続きに関し，共通事項を定め，行政運営の公正確保と透明性の向上を図り，国民の権利利益の保護に資することを目的とすると規定する。通則法 11 条及び通則令 3 条 3 項の申請は，本章 2(2)で述べるとおり処分を求める行為と解されるから，行手法の所管に属するものと解される。また，行手法 1 条 2 項は，処分等を定める手続きに関して「この法律に規定する事項について，他の法律に特別の定めがある場合は，その定めるところによる。」とする。これはもし申請に係る処分について通則法に特に定めがある場合には，一般法としての行手法ではなく，特別法としての通則法の定めによるべきことを規定したものと解される。例えば通則法 46 条の納税猶予の申請については，通則令 15 条《納税の猶予の申請手続等》に申請手続きが定められている。したがって，これは反対にもし申請に係る処分の定めが特別法の通則法に規定されていないのであれば，行手法の規定によることをも同時に意味すると解される[27]。

(2) 行手法の適用除外

　ただし，通則法には行手法の除外規定がある場合にも留意が必要である。この点，通則法74条の14《行政手続法の適用除外》は「行政手続法…国税に関する法律に基づき行われる処分その他公権力の行使に当たる行為…については，行政手続法第2章（申請に対する処分）（第8条（理由の提示）を除く。）…の規定は，適用しない。」と規定する。

　この規定により，通則法11条及び通則令3条3項に基づく申請について，行手法の2章の「申請に対する処分」として規定される同法5条《審査基準》，6条《標準処理期間》，7条《申請に対する審査，応答》，9条《情報の提供》，10条《公聴会の開催等》，11条《複数の行政庁が関与する処分》の規定の適用がない。ただし，同法8条《理由の提示》の規定は適用除外から除かれているから，適用されることとなる。

　以上を総括すると，行手法1条，2条及び8条は除外の対象となっていないから，まず，通則法の申請は行手法2条1項3号の「法令に基づき，行政庁の…自己に対し何らかの利益を付与する処分…を求める行為であって，当該行為に対して行政庁が諾否の応答をすべきこととされているもの」と同義であり，通則法11条及び通則令3条3項の申請はその申請に対して「行政庁が諾否の応答をすべきこととされているもの」と解すべきであろう。

　行政手続法2章「申請に対する処分」が除外されているから，申請に対する処分の態様は同じではないとの反論も想定される。確かに，審査基準を定め公にする（行手5），申請に対する処分期間を定め公にする（行手6），申請の到達後の遅滞のない審査の開始と，速やかな補正の求め又は拒否（行手7），申請者の求めに応じ処分の見通しや申請書の記載や添付書類に関する事項を示す（行手9）など，通則法の申請に対しては適用されない。しかし，これらは申請に対する処分に関する手続きの態様を定めるものであって，申請に対して行政庁が諾否の応答をすべきことを除外するものとはなっていない。

　すなわち，これら規定は審査基準を定めて公にするとか，処分期間を定めて公にするとか，遅滞のない審査の開始や速やかな補正の求めや拒否，又は求めに応じた情報の開示を要求するものであって，申請に対する行政庁側の対応の

態様をより具体的に示して行政運営の公正と透明性の向上を図ることを目的とするものと解される。したがって，これら規定の要求する事項が除外されても，申請が「法令に基づき，行政庁の…許認可等…を求める行為であって，当該行為に対して行政庁が諾否の応答をすべきこととされているもの」であるという申請の定義（行手 2 ①三）には全く影響を与えるものではないと解することができる。

　よって，通則令 3 条 3 項の申請と行手法 2 条 1 項 3 号の申請とを同義と解することができる。

2　法令に基づき利益を付与する処分

(1)　法令に基づくものか

　通則令 3 条 3 項の申請が行手法 2 条 1 項 3 号にいう法令に基づくものかを検討すると，通則法 11 条では申請という文言を使わないものの，委任された通則令 3 条 3 項において「申請により」と施行令上規定されていることから法令に基づくものであると解することができよう。

(2)　自己に対し何らかの利益を付与する処分にあたるか

　次に，通則令 3 条 3 項の申請が行手法 2 条 1 項 3 号にいう「自己に対し何らかの利益を付与する処分…を求める行為」であるのかについて検討する。この点，通則法 11 条による期限の延長の効果については，法定申告期限その他の法定期限が延長されたときは，その延長後の期限が法定申告期限，法定納期限その他の法定の期限となる[28]。さらに，具体的納期限が延長されたときは，その延長期間に対応する部分の延滞税又は利子税が免除される（通則法 63 ②，64 ③）。なお，期限の延長がされれば，国税債務の履行期限も延長されるから，その延長に係る期限まで督促等の請求手続や滞納処分手続はできない。したがって，督促状発布後に，その納期限が延長されたときは，その督促等の手続は効力を失う[29]。

　以上から，通則法 11 条に基づく期限の延長は，納税者に法定申告期限等が延長されるという期間的利益をもたらし，実質的にはそれぞれの期限延長の期間に対応した延滞税又は利子税の負担を免れるという金銭的利益をもたらす[30]。

したがって，この観点から，申告等の期限の延長が「自己に対し何らかの利益を付与する処分」と解することができ，通則令3条3項の申請はその処分を求める行為であるといえる。

(3) 裁判例による処分性の検証

　通則令3条3項の「申請」が「利益を付与する処分」を求める行為であることは，裁判例からも確認できる。和歌山地裁昭和52年7月11日判決（行裁例集28巻6・7号607頁）「国税通則法11条は，税務署長が災害その他やむを得ない理由があるときは，国税に関する法律に基づく申告の申告期限を延長することができる旨規定しているので，右規定からすると，右申告期限の延長の可否を決定することは，税務署長の裁量による処分であるというべき」と処分性に言及している。また，IIで取り上げた本事件の1審である東京地裁昭和56年12月18日判決（判タ464号180頁）は，通則法11条及び通則令3条2項（現3項）の申請に対する処分につき「この処分は納税義務者に利益なものであり」として利益を付与する処分性を認めている。これらの判断に従っても，通則令3条3項の申請は処分を求める行為ということになる。

3 小 括

　以上のとおり，通則令3条3項の申請は，行手法2条1項3号所定の申請と同義に解され，法令に基づき，自己に対し何らかの利益を付与する処分を求める行為と解することができるから，その申請に対して国税庁等がその諾否の応答をすべきものであるといえよう。

IV　パンデミックへの対応のための期間延長制度への若干の提言

1 検討から得られた示唆

　前章までの検討で，個別指定は申請・審査・期日指定の3要件を満たしその応答がなければ期限延長の効力が生じない懸念があることを明らかとした。このことは，今般のパンデミック下で多数の期限延長の申請に対する効力が発生していない懸念を示す。この懸念は，個々の申請に対して，審査を行い期日指定をして応答すれば解消できる。

　ただし，今般のパンデミックという未曽有の状況下で緊急にかつ大多数の申告等の期限延長ニーズにできるだけ対応するためには，審査や応答を個々に行えなかったのかもしれない。たしかに，申請が多数となれば，すべての申請にタイムリーかつ網羅的に対処することは物理的に困難であろう。いわば，現行法上の個別指定制度が未曽有のパンデミック下という状況に対応する仕組みを備えていなかったと評価することもできるかもしれない。

　かように今般のパンデミック下における物理的な困難や法制度の限界を根拠に，超法規的に，期限の延長の効力の発生がされたとみなしても，課税の公平上の問題は残ることとなる。つまり，このことは，「災害その他やむを得ない理由」の存否の審査なしで期限の延長を認めることとなり，その期限の延長の理由がない申請者に利益を付与する処分をすることを意味し，理由のある者との公平はもちろん，理由がなく申請を行わなかった者との公平を揺るがすこととなる。

　それゆえ，今般のパンデミック下での申請に対しては，課税の公平の観点からは，原則としては審査を行って期限の延長の諾否を応答すべきである。あるいは，事後的に一定の期間に提出された個別指定の申請については，立法によりすべて期限延長の効力を一旦生じさせて，後の税務調査等でその効力を取り消す場合があることとするのが法理論的には正しい対応であると考えられる。この対応は，申請者側としても，その申請延長の効力が発生したかどうかという不安定な状態を解消することにもなる。現状，申請の諾否の応答を受けていない申請者は予測可能性・法的安定性が担保されない状況であるので，審査及び応答をすることによるか，立法によりその状況を解消することが望ましい。

2　パンデミックへの対応のための期間延長制度への若干の提言

　最後に，本稿の検討から得られた示唆を基に，今後も起こり得るパンデミックに対応するために，期限の延長についての若干の提言をしたい。

　提言は，新型コロナウイルスや災害のような緊急かつ大量の期限延長ニーズに対応するものとして，通則令 3 条 1 項の地域指定と同条 2 項の対象者指定をより柔軟に活用できるような改正と，同条 3 項の個別指定の特例の創設である。

(1) 地域指定の改正

　地域指定は,「都道府県の全部又は一部にわたり災害その他やむを得ない理由により」期限までに申告等ができないと認める場合を第1要件とし,「地域及び期日を指定」が第2要件となっている。地域を指定とすることから特定地域の納税者の申告等を一律に期限延長するものと解され,その指定の仕方に柔軟性がない。地域だけでなく同時に対象者も限定できるような法令に改正するのも一案だろう。

　また,期日を指定することから,その対象者の申告等の期限を一律に一定の日に指定するものと解され硬直的といえる[31]。例えば,一定の期間中の申告等の期限については,その本来の期限の1か月後というような期限の指定も可能なような規定に改正することも考えられよう。

(2) 対象者指定の改正

　対象者指定は,「災害その他やむを得ない理由」により,「申告その他の特定の税目に係る特定の行為をすることができないと認める者」が「多数に上ると認める場合」が第1要件で,「対象者の範囲及び期日を指定」することが第2要件となっている。第1要件と第2要件がともに,きめ細かな対象を指定することを妨げる要因になっているように思われる。

　要件からは,特定の税目に係る対象者の範囲を指定すると解され,このように解すると特定の税目に係る全国の対象者をその範囲とすると解釈され,その対象が広くなりすぎる。

　そこで,例えば,特定の税目と特定の地域の両方を指定できるよう改正すれば,よりきめ細やかに対象を特定できるよう思う。また期日の指定も地域指定で述べたのと同様に指定できるようにするのが良いと思う。

(3) 申告方式による個別指定の創設の提案

　地域指定や対象者指定と異なり,税目や地域を特定することができないが,多数の期限延長のニーズがある場合が想定される。かようなニーズに対応するものとして通則法11条及び通則令3条3項が挙げられるわけである。しかし,本稿で検討したとおり,この規定は申請の方法によるため緊急に大多数の期限延長に対応するには,大多数の申請に対する審査を行い期日指定をしてかつ応

答をしなければならないという手続上の物理的な困難を孕む。

　そこで,「申告方式」の期限の延長制度を提案したい。災害その他やむを得ない理由により期限までに申告等ができないと認められる者は,自主的に災害その他やむを得ない理由の該当性を判断して,申請ではなく「申告」という方法で期限の延長を行うというもので,その「申告」によって期限延長の効力を生じさせる方式である。この場合の期限延長の効力は,申告後の税務調査等によりその要件が満たされないと判断されるときは,更正処分により取り消すことができるようにする。

　かような「申告方式」による期限延長制度を採用すれば,緊急かつ大多数の期限の延長のニーズがあったとしても,申告等の期限の延長を求める者は申告することによりその延長の効力を得ることができ,タイムリーにそのニーズを満たすことができる。

　他方で,税務署長等は,個々のニーズに対して網羅的に審査を行う必要がなく,その申告の後の税務調査等によりその審査をして,必要に応じて更正処分により期限の延長を取り消すことができる。したがって,災害その他やむを得ない理由のない申告者に不当に利益を付与する処分を事後的には回避することができ課税の公平にも資することとなる。もし,この期限の延長の申告の理由がその要件を満たさない場合には,無申告加算税や延滞税を賦課することで不当な申告を牽制することもできる。ただし,この申告方式はパンデミックのような緊急時のためのものであるから,既存の加算税や延滞税制度とは異なる率を設けたりして行政罰を軽減するのが良いと思う。しかし,その場合でも延長すべき理由がない者が申告をするのを牽制する意味で,行政罰の完全な撤廃は避けるべきであろう。

(4)　申告方式による個別指定の特例的な取扱い

　申告方式による期限の延長は,本稿で指摘した問題点を克服し得るものであると思われるが,この申告方式は,あくまでも災害や今般のパンデミックのような緊急かつ大多数の期限の延長に対応するためのもので,多くの者に期限の利益を付与することとなる。また,期限の利益が与えられる者が多くなれば課税庁の側にその分だけの負担を強いることになるから,この方式は平常時に機

能させるべきではない。

そこで，これを有事にのみ機能する特例規定とする。例えば，パンデミックのような一定の事態が起きた場合に限り，国税庁長官の指示で機能する規定にする。つまり，申告方式の規定はあらかじめ定めるが，有事以外は機能させない仕組みである。[32)]

結びに代えて

本稿では，通則法 11 条の期限の延長に焦点を当て，今般のパンデミック下での国税庁の対応につき検討を行い，国税庁の特別な対応に対する法令解釈上の問題点を指摘して，今後への対応の示唆を目的とした。

特に，個別指定の期限延長は，3 要件を満たし応答が必要であることを法令解釈，裁判例及び行手法と国通法との関係の検討で明らかにした。このことは，今般のパンデミック下における多数の個別指定で法解釈上はその期限延長の効力が生じていないことを示す結果となった。

そのための対応として，事後的に審査及び応答を行うこと，立法による対処に言及した。さらに，今後にも起こり得るパンデミックに対応するために地域指定や対象者指定の改正や，申告方式による個別指定の創設を提案した。

ただし，本稿では通則法 11 条の可否判断として重要な「災害その他やむを得ない理由」の判断基準には言及することができなかった。この判断基準を明らかにすることはパンデミック下の期限延長制度の適切な有用のために欠かせない課題と思われる。この課題はまた別の機会に論じたいと思う。

注
1) 令和 2 年 3 月 12 日，WHO テドロス事務局長は「世界的な COVID-19 の発生はパンデミックとして説明できる」と述べた（https://www.who.int/director-general/speeches/detail/who-director-general-s-opening-remarks-at-the-mission-briefing-on-covid-19---12-march-2020）。
2) 地方税においても同様の規定（地方税法（昭和 25 年法律第 226 号）20 条の 5 の 2 《災害等による期限の延長》）があるが，本稿では通則法に焦点を絞って検討を行う。
3) 荒井勇ほか『国税通則法精解〔平成 31 年改訂〕』225 頁（大蔵財務協会 2019）。
4) 通則法 46 条の特例として「新型コロナウイルス感染症等の影響に対応するための国税

関係法律の臨時特例に関する法律（令和 2 年法律第 25 号）」及び「同施行令（令和 2 年政令第 160 号）」が令和 2 年 4 月 30 日に成立し，同日に交付・施行されている。この特例については，高木英樹「納税の猶予等の期限延長」税理 63 巻 8 号 97 頁（2020）を参照。

5)　このほか，所得税法（所法 131，132 等），法人税法（法法 75，75 の 2 等），相続税法（相法 38），消費税法（消法 42 の 2，51）等の個別税法や租税特別措置法（措法 69 の 8，70 の 7 等）にも期限の延長に関する制度がある。

6)　荒井・前掲注 3，226 頁。

7)　荒井・前掲注 3，226 頁。

8)　令和 2 年国税庁告示第 1 号（令和 2 年 3 月 6 日）。

9)　令和 3 年国税庁告示第 3 号（令和 3 年 2 月 15 日）。

10)　申請手続きにつきこれ以外の個別の法令上の規定はない。この点，高木・前掲注 4，106 頁参照。

11)　令和 2 年 4 月 6 日付の国税庁「国税における新型コロナウイルス感染症拡大防止への対応と申告や納税などの当面の税務上の取扱いに関する FAQ」（税務通信 3601 号 49 頁以下（2020））で「柔軟に確定申告書を受付ける」という柔軟な取扱いを示した。

12)　令和 3 年 4 月 6 日付の国税庁「国税における新型コロナウイルス感染症拡大防止への対応と申告や納税などの当面の税務上の取扱いに関する FAQ」（税務通信 3650 号 48 頁以下（2021））では，令和 3 年 4 月 16 日以降，申告書の余白等に所定の文言を記載する方法による個別延長を受付けるという表示をやめ，従来の申請書様式による申請を促すことになった（13 頁問 1-3，14 頁問 1-5 参照）。ただし，申告書等と申請書を同時に提出した場合のその提出日を申告・納付期限とする旨の表示は継続している（14 頁問 1-4 参照）。

13)　国税庁・前掲注 11 参照。

14)　かような国税庁の「柔軟な」対応についての検討は，高木・前掲注 4，103 頁も参照。

15)　国税庁・前掲注 11 参照。

16)　高木・前掲注 4，108 頁参照。

17)　高木・前掲注 4，108 頁。

18)　週刊税務通信の国税庁への取材によると「個別延長が認められた申告についても，後々の税務調査などにおいて『やむを得ない理由』を尋ねることはありえる」とする（「期限延長等の当面の税務上の取扱いは継続」税務通信 3624 号 7 頁（2021）。

19)　「やむを得ない理由」やその「理由のやんだ日」は納税者ごとに異なることは，国税庁の担当者も認めているようである（前掲注 18，7 頁参照）。

20)　1 審は東京地裁昭和 56 年 12 月 18 日判決（判タ 464 号 180 頁）。

21)　評釈としては，池田眞一・ジュリ 837 号 69 頁，同・法曹時報 41 巻 3 号 272 頁，同『最高裁判所判例解説刑事篇昭和 60 年度』29 頁，同・法律時報 57 巻 7 号 136 頁がある。

22)　申請書に理由を「医師法違反の疑いにより身柄拘留中のため診療カルテ，仕入れ及び支払い書等押収された為」と付記した。

23)　X の妻を介して所轄の税務署に申請書を提出していた。

24)　同高裁は「被告人が…妻…を介して…税務署署長に対し…3 月 10 日には… 4 月 15 日まで…延長するように申請したこと…が認められる。」としている。

25) 通則法 46 条は申請について特段の規定を置いている。これに対して，通則法 11 条は特段の規定を置いていない。

26) 林修三『法令解釈の常識』174 頁（日本評論社 1975）参照。

27) 荒井・前掲注 3，994 頁は「手続法が規定している処分，行政指導及び届出に関する手続きについては，他の法律に特別の定めがある場合を除き，手続法の定めるところによるとされている（手続法 1 条 2 項)。」と指摘している。

28) 荒井・前掲注 3，228 頁。

29) 品川芳宣『国税通則法の理論と実務』35 頁（ぎょうせい 2017）。

30) 品川・前掲注 32，35 頁。

31) 週刊税務通信の国税庁の取材によれば，「『やむを得ない理由』やその『理由のやんだ日』は納税者ごとに異なるため，『コロナの収束がみえない現状において，一律に，（この日までに申告がなければ無申告になるといった）期限を設けることは考えていていない』という。」とされている（前掲注 18，7 頁)。

32) この指示において，税目や地域などの対象者を限定することができるようにすることも考えられよう。

5 ドイツにおけるコロナ危機下の税制支援[1]

奥 谷 健
（広島修道大学教授）

I はじめに

現下の新型コロナウィルスの世界的な感染拡大は深刻な状況といえる。また，それによる経済的な影響も大規模なものとなっている。そして，そのような経済的な影響，特に経済的損失に対応するためにさまざまな経済措置がとられており，税制上の支援策も重要な役割を果たすことが期待されていると考えられる。

これについては，ドイツにおいても同様で，さまざまな税制上の支援策が実施されている。そのうち，特に注目されているのが付加価値税の減税であると思われる。本稿ではそのような税制上の支援策，特に付加価値税の減税を中心に，日本における税制を通じた経済支援策のあり方について，検討していくことにしよう。

II コロナ税制支援法の概観

ドイツにおいては，いわゆる「コロナ税制支援法（Corona-Steuerhilfegesetz）[2]」によってさまざまな措置がとられている。このうち，特に注目を集めているのが付加価値税の減税といえる。しかし，実際にはそれ以外にもいくつかの措置が導入されている。そして，そのための法律も2つ制定されている。第1次コロナ税制支援法は2020年6月5日に成立している（BGBl.2020 I，1385）。そして，付加価値税の減税が盛り込まれたのは第2次コロナ税制支援法である。これは，2020年6月29日に成立（BGBl.2020 I，1512）し，翌30日に公布，7月1日施行というきわめて短期間で対応がとられている。

これらの法律に共通した目的は，「コロナ危機によって経済的な困難に陥った企業の流動性の改善」にあるといわれている。しかし，個別にみると，別の目的も設定されている。具体的には，第1次法では「経済的発展の持続的な安定化と雇用の保護」が，第2次法では「国内需要の強化」が目的とされている。

　また，連邦政府はその連立委員会（Koalitionsausschuss）で6月3日に「景気及び将来に関する包括的パッケージ（Konjunktur- und Zukunftspaket）[3]」を公開している。ここでも，雇用を守り，企業を存続させ，社会的な緊急事態を回避するために，支援プログラムを提供することが目的とされ，さまざまな税制上の措置が講じられている[4]。これらの法律による具体的な税制上の措置はどのようなものか，その概要をみていこう。

1　第1次コロナ税制支援法による措置

　上記のように，第1次法では経済的発展の安定化と雇用の保護が目的とされている。そして，この法律は6月5日に上院の同意を得ているものの，損失に関する規定は3月20日に遡及して適用されることになっている。また，これに関連して，連邦財務省（Bundesministerium der Finanzen：BMF）は3月19日，4月9日，23日，24日及び5月26日に書簡（BMF-Schreiben）を公開し，税制上の支援措置について周知している[5]。

　そして，この第1次法までに実施されることとなった税制上の支援策は次のようなものがある[6]。まず，売上税率（Umsatzsteuersatz）について，2020年7月1日から2021年6月30日までの間に提供されるレストラン等のサービスを伴う飲食に関して，19％から7％に引き下げられることになった。これらの業界は，コロナウィルス感染拡大の影響を最も大きく受けた分野の1つとして，それに対する売上税の負担軽減を図ったといわれている[7]。そのため，サービスを伴う飲食に対して，標準税率から軽減税率へと税率が引き下げられることになったのである。

　ただし，飲み物の提供が例外として引下げの対象になっていない。というのも，EU法上，アルコール飲料については軽減税率を適用することが禁止されているためである。つまり，レストラン等でアルコール飲料を提供する場合に

は，標準税率を適用しなければならないため，この引下げの対象とすることができず，そのまま標準税率の対象として残されることになったのである。

そのほか，企業に対して操業短縮手当のための助成金（Zuschüsse zum Kurzarbeitergeld）が給付される。これは，2020年12月31日まで，コロナ危機によって従業員の就労時間が短縮された場合，その従業員の給与の減少分の60％（扶養義務がある子を有する場合には67％）を非課税で助成するものである。また，これは3月1日から遡及的に認められることになっている。そして，この手当の財源が国庫から支給されることによって雇用が守られると評価されている。[8]

なお，この措置は季節労働者の時短手当（Saison-Kurzarbeitergeld）にも適用される。また，操業短縮が長期に及ぶ場合には，4か月目からは70％（子どもがいる場合には77％），7か月目からは80％（子どもがいる場合には87％）に増額される。そして，それらはすべて非課税となっている（所得税法（Einkommensteuergesetz）3条28a号）。

そのほか，申告期限も延長される（Fristverlängerung）。これについてはコロナの影響により柔軟な対応がとられることになっている。[9]また，所得税，法人税（Körperschaftsteuer），売上税については，最大3か月まで納税猶予（Stundung）が認められる。これに伴い，所得税又は法人税に基づいて課される営業税（Gewerbesteuer）も猶予されることになる。このときには利子税（Stundungszinsen）が生じない。

また，重要な措置として損失繰戻（Verlustrücktrag）の拡大もある（所得税法10d条，法人税法8条1項）。2019年分の所得税の予納について，その根拠となる総所得金額から概算的に（pauschal）30％を"仮の"損失として評価し，繰り戻すことを認めている。[10]これによって，所得税と法人税について，2019年の予納（Vorauszahlung）分から減額したり（Herabsetzung），清算する（Anpassung）ことができる。また，2019年分の所得税額確定の際にも，2020年分の損失として30％の繰戻が行われる。すなわち，所得税及び法人税は前年の税額に基づいて3か月ごとの予納が認められている。これについて，損失を繰戻清算することで，予納税額が減額・還付（Erstattung）される。また営業税もこれによっ

て減額されることになる。

　この損失繰戻は，最高で 100 万 €（夫婦合算申告をする場合には 200 万 €）が認められる。そして，損失額についての詳細な資料が必要ないなど，手続きも簡素化されている。なお，この措置は 2021 年についても認められ，2020 年に生じる所得税，法人税及び営業税の予納についても減額されることになっている。ただし，この措置はこの 2 年間に限定されている。

　このような過去の租税債務に関しては，それを滞納している場合の強制執行（Vollstreckungsmaßnahme）についても停止（Aussetzung）される。この場合，延滞税（Säumniszuschlag）は免除される。

　さらに，家計支援として所得税においては，2020 年のみ 1,500€ までの非課税枠が創設されている。これは，雇用主が給与に追加して支給することが条件になっており，現金だけでなく，現物給付も認められている。[11]

2　第 2 次コロナ税制支援法による措置

　このような第 1 次コロナ税制支援法に加え，第 2 次コロナ税制支援法では，さらに以下のような税制上の措置が講じられている。[12]

　ドイツにおいて注目を集めている措置の一つに減価償却（Abschreibung）の改正がある（所得税法 7 条 2 項）。事業用資産に関しての定率法（degressiv）での減価償却が再導入されている。この措置は，2008 年の金融危機への対策として，2009 年と 2010 年に取得又は製造された資産について導入されたものと同様である。これによれば，定額法の 2.5 倍の金額で，最高 25％までの減価償却率が認められる。

　また，優遇を受ける資産の譲渡に際して利益を減額する積立金（Rücklage）の計上が認められている（所得税法 6 b 条）こととの関係から，次のような措置が講じられている。すなわち，この積立金の計上については期間制限があることから，期限到来前に取り崩して他の資産に転用しなければならない。そして，この取崩しを 2020 年 3 月 1 日から 12 月 31 日までの間に行わなければならないものについては，企業の流動性を確保するために，この期限を延長することが認められる（同 52 条 14 項）。

　同様に，将来の資産の再取得のために予測される取得費の 40％まで認められる控除（投資控除（Investitionsabzugsbeträge），所得税法 7 g 条）についても，3 年以内に設備投資に用いなければならないことになっている。つまり，2017 年に控除した金額を 2020 年に資産の購入に用いなければならない。そのため，この期限を 4 年に延長している（同 52 条 16 項）。

　また，納税義務者が片親である場合に認められる子ども 1 人当たり年間 1,908€ の所得控除が 240€ の増額となる（所得税法 24b 条 2 項 1 文，2 文）。これについて，基本金額 1,908€ が 2020 年と 2021 年については 4,008€ に引き上げられる（同 3 文）。子どもがいる親にとってパンデミック期間中に最も憂慮すべきこととして子どもの養育がある。ドイツでは，当初 2021 年末まで保育施設や学校の再開が予定されていなかった。そのため，子どもの養育の選択肢を得るための支援として，これによって 2 年間の税負担を軽減している。

　さらに，子どもボーナス（Kinderbonus）も給付される（所得税法 66 条）。この子どもボーナスも，2009 年に導入されたものを再度導入する。子ども手当（Kindegeld）の権利を有する子どもに対して，1 人当たり 300€（2020 年 9 月に 200€，10 月に 100€）給付が行われる。

　この子どもボーナスは，主に景気を刺激することが目的とされているため，所得に関連付けられた社会給付が減額されることはない。また，子ども手当の権利が認められていればよいことから，特に申請などなく給付される。しかし，高所得者に対する給付は，この制度の目的から適切ではないといえる。そのため，これは課税対象として 2020 年の課税対象所得に算入される。

　そして，最も注目されているのが，売上税に関する措置である。1 つは，税率の引下げである（12 条，28 条）。周知のように，2020 年 7 月 1 日から 2020 年 12 月 31 日の半年間に限定して，標準税率が 19％を 16％に，軽減税率が 7 ％を 5 ％にそれぞれ引き下げられている。

3　小　括

　このように，ドイツにおけるコロナ危機での税制支援策をみると，損失の繰戻などでの納税額，予納額の減額・還付，また減価償却の改正などで，企業の

流動性を高めることに重点が置かれていると考えられる。これは，納税猶予についても同様に考えることができる。つまりこれらの措置を通じて，企業の資金力を強化し，雇用を守ろうとしていると考えられるのである。

　また，雇用の保護という点では，操業短縮手当も企業の負担を求めずに給与を維持することを意図した措置といえる。さらに，家計に対しては，子どもボーナスや片親への控除額の増額など，給付と減税による経済的な支援がなされている。

　これらの措置によって短期的には税収が減ると考えられる。しかし，課税を繰り延べているという意味もあると考えられるため，長期的には税収としての減少は全体的には少ないという評価もある。

　また，これらの税制上の支援に加えて，即時支援プログラム（Soforthilfe-programm）や橋渡し支援（Überbrückuntersetzung）といわれる金融面での支援も行われている。例えば，即時支援プログラムでは，家賃やリース料の助成金を提供しており，自営業や従業員が5名以下の小企業は，1回最大 9,000€ を3か月間受け取ることができる。また政府は，信用保証や企業の自己資本強化のために経済安定化ファンドを設立し，資本措置のために 1,000 億 €，信用保証のために 4,000 億 € の財政支援を行っている。

　さらに，飲食業への売上税率の引下げを行っただけでなく，すべての取引に対する売上税の税率引下げが行われていることは重要な意味を有すると思われる。ただし，これが半年間という短い期間でしか実施されないという点で，その評価が分かれると考えられる。それでは，このような売上税の税率引下げは，ドイツにおいてどのように評価されているのだろうか。この点について次にみていくことにしよう。

Ⅲ　売上税率引下げに対する評価

　上記のように，第2次法では国内需要の強化を目的としている。そして，そのための措置として売上税率の引下げが行われている。このような措置に対する評価はどのようなものであろうか。この点についてみていくことにしよう。

1　税率引下げの効果

　売上税について，国内需要の強化という目的との関係では，資産の購入やサービスの提供の価格が下がることが期待されている。この点について，連邦議会の公聴会（Anhörung zum zweiten Corona-Steuerhilfegesetz）では次のような[13)]指摘がある。すなわち，「事業者が総価格（Bruttopreise）を引き下げるならば，それは個人家計に対する積極的な所得効果につながる」と示されている。つまり，価格転嫁（Weitergeben）を通じて，引き下げられた税率分，価格が下がることが期待されているのである。さらに，「2021年1月1日までに予定されている売上税の再引上げが消費者を，2020年後半には，その後の価格引上げを回避するためにさらに購入へと刺激する」とも指摘されている。つまり，2021年から税率が戻ることで価格が引き上がるため，年末に駆込み需要が生じることが期待されているのである。このような積極的な効果を生じさせると考える立場がある。[14)]

　しかし，売上税の価格への転嫁は義務付けられるものではない。[15)] そのため，この点についての疑問がないわけではない。[16)] ただ，価格への転嫁を予定している業界もある。[17)] また，仮に転嫁されなくとも，事業者の利益が増加し，事業の倒産や雇用喪失が回避されることが期待されるとの指摘もある。[18)] ただ，これについては，わずかな税率であることから，あまり大きな効果ではないとの指摘もなされている。[19)]

　その一方で次のような批判もある。すなわち，コロナ危機においては，人々には現金がないか不十分な状況であり，さらに感染拡大防止の観点から消費行為が自粛されている。そうすると，税率引下げの効果は限定的で，消費を刺激するためには価格が下がる，つまり価格転嫁される必要があるという批判である。[20)] さらに，その効果を多く享受できるのは，高額の買い物をする場合であることから，恩恵を受けるのは高所得者に限られるとの批判的な意見もある。[21)]

　しかし，このような税率引下げは，金融危機におけるイギリスの経験を参考にしているといわれる。[22)] イギリスでは，2008年12月初めから，2009年12月末までの13か月間，標準税率を17.5％から15％に引き下げていた。これによって，50％から70％の分野で価格が下がり，消費支出は全体で0.4％増加した

と指摘されている。これは，税率引下げが価格に影響したと評価されている。また，税率が戻る際に駆込み需要も生じたと示されている。[23]

　また，ドイツでの 2007 年における標準税率の引上げ時の経験から期待も示されている。[24]このとき，多くの消費者が 2007 年からの値上りを回避するために，2006 年後半に多くの消費や投資を行った。これについては連邦政府の期待通りの結果が示されたと評価されている。そして，2021 年から税率が戻ることが税率の引上げと同等の効果をもたらすことから，同じような駆込み需要が生じることが期待されている。

　しかし，上記の通り，これらの効果に対してはあまり大きな期待がなされていない。[25]特に，この税率引下げが半年間という短い期間であることから，そのような指摘がなされている。[26]なぜ，このような短い期間での減税が計画されているのか，という点については，迅速な消費刺激を行うためであるといわれている。この短い期間での税率の変更によって，駆込み需要が生まれることに期待されているのである。そして，2021 年にはその影響での経済の回復も期待されている。[27]

2　執行面での課題

　上記のように，売上税率の引下げは半年間という短い期間に限定した措置である。そのため，この減税の効果には疑問が示されている。また，このような税率の変更に伴う，事業者のコストや執行面での問題も多く指摘されている。この問題について次にみていこう。

　例えば，2020 年 7 月 1 日から 12 月 31 日まで，標準税率で考えれば 16％での課税取引が行われる。そして，これが 2021 年 1 月 1 日には 19％に戻る。これに対する対応が事業者に求められる。しかも，この法律は 6 月 29 日に成立し，7 月 1 日に施行されるのであるから，事業者の準備期間はきわめて短い。これに対する対応での混乱は容易に想定される。

　さらに，この税率変更の影響が顕著なのはレストランの場合と考えられる。上記のようにレストランについては，2020 年 1 月 1 日から 2021 年 6 月 30 日まで標準税率から軽減税率に引き下げられている。ただし，レストランにおけ

る飲み物については標準税率が適用される（下の表を参照）。

　このような税率変更の度に価格表示も変更が迫られることになる[28]。特にドイツにおいては，原則として価格は総額（Gesamtpreise）表示になっているため，その表示についての対応が必要になる[29]。

期　　間	税率（標準）	税率（飲み物）
2020 年 1 月 1 日～2020 年 6 月 30 日	19％　→　7％	19％
2020 年 7 月 1 日～2020 年 12 月 31 日	7％　→　5％	19％　→　16％
2021 年 1 月 1 日～2020 年 6 月 30 日	5％　→　7％	16％　→　19％
2021 年 7 月 1 日～	7％　→　19％	19％

　さらに，レジなど支払システムの移行もしなければならない。パソコン等で管理していれば，プログラムの書換えも必要になる。この費用を事業者が負担しなければならない。このような移行費用の負担が問題となる[30]。このような移行費用の問題は，半年という短い期間での税率の変更でより大きくなることが考えられる[31]。そうであれば，価格転嫁を義務付けられているわけではないので，事業者としては価格を引き下げないまま販売することが考えられる。このとき取引相手が，前段階税額控除（Vorsteuerabzug）の権利を有する事業である場合，同じ価格で購入しても購入者の前段階税額控除額が減る。その結果，利益が減るようにも思われるが，その販売価格において同様に価格の引下げをしなければ利益の減少は生じない。

　これに対して消費者は，価格引下げを要求する権利が認められることはなく，あくまでも契約の問題として考えられる。しかし，税率引下げが決まる前に締結された契約に関して，実際の履行が 7 月 1 日以後であれば，前段階税額控除の金額が減少しつつも，そのままの価格での購入が考えられる。その一方で，税率の引下げが周知されている状況で，価格を引き下げざるを得なかった場合には，その事業者の利益が減少することになる[32]。

　この他にも，移行に際してさまざまな問題が生じることが考えられている。例えば，売上税の課税は原則としてその給付が提供された時点が基準となる。つまり，その時点での税率が適用される。そして，まだ提供されていない給付の対価について，その一部でも受け取っていれば，その受取時点で売上税が発

生する（売上税法 13 条 1 項 1 a 号 4 文）。しかし，適用税率の判断基準は，この租税債務の発生とは異なる実際の供給の時点である（実現課税（Ist-Besteuerung））。そうすると，例えば，1 年間にわたる定期的なメンテナンスを定額料金で支払う契約を 2020 年 4 月に締結したとすると，メンテナンス作業の時点が供給時点としてそのときの税率が適用されることになる。そして，その税率を示したインボイスが必要になる。これに引き下げられた税率の記載がなかった場合，購入者は高すぎる前段階税額控除が認められる可能性が生じる。それに対して，売主である事業者は高すぎる租税債務が確定することになる。

　しかし，このような問題について連邦財務省は書簡において[33]，メンテナンスのような継続的な給付に関する契約については契約書などの補完的利用に基づく税額修正を認めるという方針を示している。このように，対応方針が準備されており迅速な対応が図られていた。しかし，それでもすべての取引をあらかじめ想定して対応を示せているわけではない[34]。

　とはいえ，このような実務上の問題について，連邦財務省は 3 月のパッケージ公表を受けて，法改正までの間に準備を進めてきた。しかし，方針が示されたとしても対応するのは事業者である。そのため，準備期間がきわめて短く十分な対応がとれないといった問題が生じたことが推測される[35]。この点でも，この売上税の税率引下げは積極的な評価を受けていない[36]。

3　小　括

　ここまでみてきたように，今回の一時的な売上税率の引下げについては，価格転嫁と半年後の駆込み需要を通じた消費の刺激が期待されている。しかし，価格転嫁は法律上義務付けられていないため，その効果は限定的であるという評価がある。

　その一方で，価格転嫁がなされなくとも，企業の利益が増えることになるので，それにより企業の倒産を防止し，雇用を守るという効果が期待されているとの指摘もある。しかし，その効果は限定的であるといわれている。その理由として，この税率引下げが半年間という短い期間で終わるためであると考えられている。

　また，これに合わせて，税率変更に伴う事業者のコストや執行面での問題も指摘されている。例えば，価格表示や支払システムの変更のための費用を事業者が負担しなければならず，その費用分の利益を確保するためにも，価格は引き下げられないという指摘がある。また，実現課税との関係で，実際の供給が行われるときと契約のタイミングのずれから，税率もずれてしまうことが考えられる。このような場合への対応方針を連邦財務省が示しているが，すべてに対応しているわけではない。また，方針が示されたとはいえ，施行までの期間が短すぎることから，実際に事業者の対応が十分になされたのかは疑問が残る。

　しかし，売上税の一時的な税率引下げ以外に，即時的な効果の大きさという点で企業への負担軽減につながる損失繰戻，また流動性を高める定率法減価償却などの措置も講じられている。さらに，個人家計に対しては子どもボーナスという給付も行われている。これらすべてが，ドイツにおいて税制支援策全体として評価されていると思われる。

Ⅳ　結びに代えて―日本法への示唆

　以上みてきたように，ドイツのコロナ税制支援法による経済支援は，企業の流動性を高め，景気を刺激することで，経済の安定化を持続させ，雇用を守ることを目的として進められてきている。それに対して，日本では給付を中心とした支援策がとられている。どちらの政策が経済支援として適切かは，政治的な判断もあると思われる。そこで，ドイツにおける売上税率引下げとの関連で，日本で仮に消費税率を引き下げるのであれば，どのような問題が考えられるかを最後に示して，結びに代えたい。

　まず，消費税の税率引下げは，消費の刺激を目的とするのであれば，価格への転嫁がされなければ効果は期待できないと考えられる。しかし，法律上それを義務付けてはいないため，どこまで価格転嫁がされるかが問題になるといえる。このような価格転嫁が生じにくいと考えられる理由の一つに，上記のように，ドイツでは総額表示が原則となっていることが考えられる。この点，日本においても2021年4月から総額表示が義務化され，同様の問題が考えられる。

　ただ，仮に価格転嫁がされたとすると，その効果が大きいのは高額商品とい

える。そのため低所得者への効果は少ないとも考えられる。他方で，価格転嫁がなされずに事業者の利益が大きくなることで，倒産を防止したり雇用を守ることにつながると考えることもできる。

　しかし，税率変更に伴う移行費用と事務負担が事業者に生じる。これについての支援が別途必要になると思われる。これがされなければ，その負担分の利益確保を求めて，価格転嫁が十分にされなくなることも懸念される。

　またこれらの負担に鑑みると，引下げ期間が短いことは避けたほうがいいと思われる。これはイギリスの例からも，景気刺激の効果を期待する上でも，ある程度の期間は税率を下げていなければならないと考える。

　さらに，執行上の混乱を避けるためには準備期間も必要になる。この点ではドイツは不十分だったと思われる。混乱を生じさせないためにも十分な準備期間を確保した上での実施が必要になるといえる。

注
　1）　本報告について，最新のドイツの資料や議論状況についての情報を得るために，トリーア大学（Universität Trier）ヘニング・タペ教授（Prof. Dr. Henning Tappe）にご協力いただいた。ここに記して感謝申し上げたい。また，本稿は大会での報告に基づくものである。そのため，2020 年 8 月段階での資料・議論に基づいている。
　2）　正式には，コロナ危機克服のための税制上の支援措置実施に関する法律（Gesetz zur Umsetzung steuerlicher Hilfsmaßnahmen zur Bewältingung der Corona-Krise）という。
　3）　Corona-Folgen bekämpfen, Wohlstand sichern, Zukunftsfähigkeit stärken Ergebnis Koalitionsausschuss 3. Juni 2020, https://www.bundesfinanzministerium.de/Content/DE/Standardartikel/Themen/Schlaglichter/Konjunkturpaket/2020-06-03-eckpunkte papier.pdf?__blob=publicationFile.
　4）　Haufe Onlein Redaktion, Steuerliche Maßnahmen infolge des Coronavirus, https://www.haufe.de/steuern/finanzverwaltung/corona-steuerliche-massnahmen_164_511572.html.
　5）　https://www.bundesfinanzministerium.de/Web/DE/Service/Publikationen/BMF_Schreiben/bmf_schreiben.html.
　6）　Daniel Hess, Das Gesetz zur Umsetzung steuerlicher Hilfsmaßnahmen zur Bewältingung der Corona-Krise（Corona-Steuerhilfegesetz）im Überblick, DStR 2020, 1153.
　7）　Christian Böing, Edgar Dokholian, Steuerliche Erleichterungen im Doppelpack: Die Corona-Steuerhilfegesetze, GmbH-StB 2020, 229: Fn. 4.
　8）　Haufe Onlein Redaktion, Steuerliche Maßnahmen infolge des Coronavirus, https://

www.haufe.de/steuern/finanzverwaltung/corona-steuerliche-massnahmen_164_511572.
html.

9) IHK München und Oberbayern, Corona und Steuern, https://www.ihk-muenchen.de/
de/Service/Recht-und-Steuern/Steuerrecht/Corona-und-Steuern/.

10) Jürgen K. Wittlinger, Pauschalierte Herabsetzung bereits geleisteter Vorauszahlungen
für 2019, https://www.haufe.de/steuern/finanzverwaltung/corona-herabsetzung-der-
vorauszahlungen-fuer-2019_164_514838.htm.

11) Bundesministerium der Finanzen, Mit aller Kraft gegen die Corona-Krise Schutzschild
für Deutschland, Stand: 18.05.2020, https://www.bundesfinanzministerium.de/Content/
DE/Downloads/2020-03-27-corona-hilfsmassnahmen-uebersicht.pdf?__blob=publica
tionFile&v=1.

12) Christian Korn, Das Zweite Corona-Steuerhilfegesetz im Üblick, DStR 2020, 1345.

13) https://www.bundestag.de/dokumente/textarchiv/2020/kw26-pa-finanzen-corona-
steuerhilfe-700692.

14) Sebastian Dullien, KONJUNKTURPAKET 2020: TEMPORÄRE MEHRWERTSTEU-
ERSENKUNG MIT BESCHRÄNKTER WIRKUNG, IMK Policy Brief 94 · Juli 2020,
https://www.imk-boeckler.de/de/faust-detail.htm?sync_id=8955.

15) これについて，副首相の Olaf Scholz（SPD）は，税率の引下げが消費者に転嫁される
よう要請したが，強制できるものではないと示している。Vgl., Corona-Konjunkturpaket
Mehrwertsteuer sinkt wohl ab Juli: Wie Sie davon profitieren und Geld sparen,
FOCUS MONEY 12.07.2020, https://www.focus.de/finanzen/news/mehrwertsteuer-
sinkt-wie-sie-geld-sparen-wenn-die-mwst-sinkt_id_12065302.html.

16) Hans-Dieter Rondorf, Befristete Senkung des allgemeinen und ermäßigten Umsatz-
steuersatzes - Praxishinweise für die Umsetzung und Vereinfachungsregelungen
durch das BMF - , in; NWB Steuer und Wirtschaft 10.7.2020, https://datenbank.nwb.
de/Zeitschriften/Ausgabe/7KT54KUPEH/2020/28. ここでは飲食業やホテル業が価格を
引き下げていない実態についての指摘もある。なお，ホテルについては，今回のコロナ
対策とは別に 2020 年 1 月 1 日より軽減税率の対象に変更されている。

17) Fragen und Antworten zur befristeten Senkung der Umsatzsteuer, https://www.
bundesfinanzministerium.de/Content/DE/FAQ/2020-06-25-faqumsatzsteuersatzsen
kung.html.

18) https://www.bundestag.de/dokumente/textarchiv/2020/kw26-pa-finanzen-corona-
steuerhilfe-700692; Dullien, FN. 14.

19) Dullien, FN. 14.

20) "Wer von der Senkung der Mehrwertsteuer profitiert", Handelsblatt 08.06.2020,
https://www.handelsblatt.com/politik/deutschland/konjunkturprogramm-wer-von-
dersenkung-der-mehrwertsteuer-profitiert/25891434.html?ticket=ST-15686603-k6Uk
FTOOY4BNGCdpJjiq-ap.

21) FOCUS MONEY, FN. 15.

22) FN. 20.

23）　Dullien, FN. 14.

24）　Rondorf, FN. 16.

25）　FN. 20.

26）　Dullien, FN. 14.

27）　FN. 17.

28）　Elisabeth Heller, Senkung der Umsatzsteuersätze zum 1.7.2020 -Überblick und steuerliche Fallstricke, BC 2020, 315.

29）　Merkblatt; Umsatzsteuersätze - Befristete Senkung vom 1.7.2020 bis zum 31.12.2020, https://www.schelsfreisleben.de/wp-content/uploads/2020/07/Merkblatt_Umsatzsteu ersenkung_2020.pdf.

30）　Sebastian Laoutoumai, Senkung der Umsatzsteuer im Rahmen des Corona-Konjunkturpakets, WRP 2020, 978. また，この点は税理士会からも批判されている。Vgl. FOCUS MONEY, FN. 15.

31）　この点について，連邦議会の財政委員会の公聴会（öffentliche Anhörung des Finanzausschusses）でも指摘されている。https://www.bundestag.de/dokumente/ textarchiv/2020/kw26-pa-finanzen-corona-steuerhilfe-700692.

32）　Frank Hechter, Steuerliche Sofortmaßnahmen durch das Zweite Corona-Steuerhilfegesetz, https://datenbank.nwb.de/Zeitschriften/Ausgabe/7KT54KUPEH/ 2020/28.

33）　BMF-Schreiben v.30.06.2020- ⅢC2- S7030/20/10009:004; https://www.bundesfinanz ministerium.de/Content/DE/Downloads/BMF_Schreiben/Steuerarten/Umsatzsteuer/ 2020-06-30-befristete-Senkung-umsatzsteuer-juli-2020-final.pdf?__blob=publicationFile &v=5.

34）　そのほかの問題については，Robert C. Prätzler, Vorübergehende Senkung des Umsatzsteuersatzes, StuB Nr. 14 vom. 24.07.2020, S. 540: https://datenbank.nwb.de/ Dokument/Anzeigen/829396/; Elisabeth Heller, Senkung der Umsatzsteuersätze zum 1.7.2020 -Überblick und steuerliche Fallstricke, BC 2020, 315, 317ff.; Rondorf, FN. 16.

35）　Öffentliche Anhörung- Zweites Corona-Steuerhilfsgesetz https://www.bundestag.de/dokumente/textarchiv#url=L2Rva3VtZW50ZS90ZXh0YYX JjaGl2LzIwMjAva3cyNi1wYS1maW5hbnplbiljb3JvbmEtc3RldWVyaGlsZmUtNzAwNjk x y&mod=mod454772.

36）　Rondorf, FN. 16.; Hechter, FN. 32.; Heller, FN. 34.

6 討論　企業課税をめぐる内外の諸課題

〔司会〕
　木村幹雄（愛知大学）／望月　爾（立命館大学）
〔討論参加者〕
　石村耕治（白鷗大学）／梅原英治（大阪経済大学）／岡田俊明（税理士）／奥谷健（広島修道大学）／関野満夫（中央大学）／高木英樹（産業能率大学）／鶴田廣巳（関西大学）／森　稔樹（大東文化大学）

司会　それでは，シンポジウムの討論をはじめます。本年度は初めての完全オンライン方式による質疑になることから，最初に各報告へのコメントと質問をコメンテーターの会員にお願いしています。それでは最初に，梅原会員に関野会員の報告へのコメントと質問をお願いします。梅原会員，よろしくお願いいたします。

梅原（大阪経済大学）　関野先生のご報告の背景となる地方税制の展開を整理すると，2004～07年度に国庫支出金・地方交付税約10兆円の削減と所得税3兆円の地方移譲という「三位一体の改革」が行われました。個人住民税の10%比例税率化は偏在を是正すると言われましたが，所得の多い大都市圏，とくに東京都に有利なものでした。2004年度には法人事業税に外形標準課税が導入されました。以降，税源偏在の是正が進められ，2005年度に法人事業税の分割基準の見直し，2008年度に法人事業税の一部国

税化・譲与税化（＝地方法人特別税・譲与税の創設）とふるさと納税の創設，2014年度に地方消費税の拡充（＝消費税率引き上げ），法人住民税法人税割の国税化・交付税原資化（＝地方法人税の創設）と地方法人特別税・譲与税の規模縮小，2015・16年度に法人事業税の外形標準課税拡大と所得割税率引き下げ，そして2019年10月に地方消費税の拡充（＝消費税率引き上げ）・清算基準の見直し，地方法人特別税・譲与税の廃止と特別地方法人税・譲与税の創設が行われるという経過です。

　ご報告は「地方法人2税の税源偏在を生み出している東京経済の構造的特徴について，『県民経済計算』や『税務統計』を利用して検討する」ことを課題とされているように，これら統計に基づいて詳細な分析をされています。

　本報告の意義としては，第1に，地方税や地方法人2税などの偏在状況につい

て，既存研究にはない詳細な分析を行われたこと。第2に，県内総生産，県民所得，法人所得の精緻な分析を通じて，地方法人2税の東京偏在の経済基盤として，①法人企業（外国法人を含む）の本社機能の集中，②「情報通信業，金融・保険業，卸売・小売業，専門・科学技術・業務支援サービス業という現代的サービス経済」の比重の高さを析出されたことを指摘できます。大阪府の分析はとても参考になりました。

さて，私の質問は4つです。1つめは，ご報告では「この税源均てん化措置の是非について直接論じることはしない」とされているのですが，措置の"効果"については，例えば「このような措置は地方税源の偏在是正，地方財政力の格差是正に寄与することは間違いない」，「法人事業税（所得割）の税率引き下げと特別法人事業譲与税の導入によって，地方法人2税の税収偏在是正はさらに進む可能性がある」，「地方法人2税での税源偏在問題は当面落ち着くかもしれない」などと書かれています。やはり税源偏在是正措置をどう評価されているかについてはお聞きしたいところです。

2つめは，地方財政調整手段としては地方交付税制度がありますが，そういう本来の形を採らず，地方税を国税化・譲与税化するようになった理由や背景についてはどう考えられているかをお聞きしたいです。

3つめは，特別地方法人税による偏在是正措置を講じても「経済活動や法人所得の東京集中の構造は不変であり，地方税収格差という構造問題は残っている」と書かれています。その解決策についてのお考えを伺いたいと思います。

そして4つめは，以上については2000年代以降の国の地方財政対策とデフレ経済下における東京集中・地域間格差の関係を見ることが必要なのではないかということです。そこで，私の見方を簡単に述べてみたいと思います。

日本の名目国内総生産（GDP）は1955年度から97年度まで93年度を除いて毎年増加してきましたが，97年度533兆円をピークに2009年度492兆円まで低下し，533兆円を上回るのは2016年度になってのことです（図1）。すなわち，地域間格差といっても，成長経済下の東京集中とデフレ経済下の東京集中とでは異なると考えます。

2000～17年度の県内総生産の増減率を見ると，東京都は26.2％で最も高く，地方圏は全体として低く，マイナスの道県も多いです（図2）。

このようなデフレ経済の要因については人口減やグローバル化による安価な製品の輸入なども言われますが，最大の要因は賃金が上昇していないことです。同時に，私はデフレ要因の1つとして，公的総固定資本形成の減少があると考えています。一般政府の公的総固定資本形成は1995年度34兆円から2008～12年度には18兆円まで減少しました（図3）。

減少はとくに地方政府で大きく，1995
年度27兆円から2008年度には11兆円
まで激減し，2018年度でも14兆円とほ
ぼ半減しています（図4）。都道府県別
に見れば，東京都・沖縄県・被災地以外
は軒並み減少です（図5）。

　日本の国と地方の財政関係の特徴とし
て，権限・財源は国が握り，仕事は地方
にさせるという「集権的分散システム」
が言われます。しかし，国の一般会計
予算（当初）は1989年度60.4兆円から
2020年度102.7兆円へ大きく増加して
いるのに対し，地方財政計画は2001年
度89.3兆円をピークに2010年には81.9
兆円まで減少し，東日本大震災などによ
って最近では90兆円まで戻しています
が，国の予算の増え方とは大きな開きが
あります。このように地方財政は大きく
収縮し，地方の分散度は低下しました
（図6）。

　地方普通会計歳出決算額を見ると，
1999年度102兆円をピークに2007年度
89兆円まで減少し，最近でも98兆円で
す。普通建設事業費は1995年度31兆円
をピークに2008年度13兆円まで激減し，
最近でも14〜15兆円です（図7）。この
ようなデフレ経済の進行，地方財政の収
縮，地方公共事業の半減によって地方経
済が衰退する下で東京集中や地域間格差
の拡大が起こっているのです。

　地方財政収縮の背景となったのは「国
土の均衡ある発展」論の否定，国の財政
健全化の優先，法人減税・所得減税・消

費増税策，そして地方交付税抑制策です。
かかる政策を行いつつ地方の不満をなだ
めるため，地方団体を分断し，東京都に
偏在する地方法人2税などの再分配で代
替しているのが現在の姿です。

　しかしその結果，地方財政の歳入構造
を見ると，都道府県・市町村純計で地方
交付税は2000年度21.8％から2018年
度16.5％に減少する一方，地方譲与税は
同期間に0.6％から2.7％に増加してい
ます（表1）。地方一般財源で見れば，
同期間に地方交付税は37.6％から
27.6％へ大幅に比重を低めています（表
2）。都道府県レベルでは，同期間に地
方譲与税が0.5％から7.1％に比重を高
めたのに対し，地方交付税は40.1％から
27.3％へ顕著に後退しています（表3）。

　私は現在のような偏在是正のやり方で
は問題は解決しないのではないか，本来
の地方財政調整機能の再生と地方財政の
拡充が必要なのではないかと考えるので
すが，いかがでしょうか。

関野（中央大学）　私の報告は，基本的
に地方法人2税の東京集中の背景という
ことで，法人所得がどうして東京のほう
に集まっているのかという東京視点から
の究明といいましょうか，問題の解明と
いうことでしたが，一方で，そういう問
題が起きる背景といいましょうか，これ
が地方財政措置といいましょうか，地方
税のいろいろな組替えなんかが起きた一
つの原因というのは，やっぱり2000年
代以降の日本の地域経済とか地方財政全

体の問題，落ち込みがあって，それの反作用としてこういう税源偏在是正措置なんかも起きたのかなと思っています。それも含めた全体的な形で議論しなければいけないのかなと思っています。ということで，ちょっと今回の報告はそちらまでは目が行き届かず，法人2税，法人所得の経済的背景ということを分析したということになります。

それで，梅原会員のご質問では4点出されていたのですが，税源偏在是正措置についての評価というのはなかなか難しいところがあるのですよね。僕もちょっと書きづらいなと思うところがありまして，要するに，基本的にそれによって少しは均てん化が行われるということで，地方経済といいましょうか，地方財政への現状の中での地方への財源移転という効果は一方ではある。一方ではあるのは，それは確かにあるのですが，他方では，こういうやり方自体はやっぱり地方税原則といいましょうか，そもそも地方税という本来の姿があるものを，国が一方的に地方税法の改正によって一部を国税化してしまって，それを地方に振りまけるというのはかなり乱暴なやり方である。乱暴なやり方ではあるのですが，この方法については，例えば全国知事会でも賛成といいましょうか，これによって財源が回ってくるのだからということで受け入れてしまっているというところがありますので，極めて，東京対その他府県の利害対立がこういう形で利用されたので

はないかなと思います。

その背景には，今，梅原会員が説明していただいたような形で，地方交付税の抑制ですとか，公共事業等が抑制されて地方経済全体が落ち込んでいる。地方は地方で財源不足に悩んでいて，交付税は増えない。国は，実は財政危機だから交付税は増やしたくない。国税部分を交付税財源に回すということは少しでも避けたいということで，今回こういう形で地方税を利用した形での東京をやり玉にした上での税源偏在措置というのがなされたのだということです。だから，基本的には私は極めて乱暴なやり方だなと思っています。要するに，人の弱みに付け込んだ，地方の側の弱みに付け込んだ乱暴なやり方だなと思っています。これはふるさと納税にも通じるかなと思いますが，そういうことかなと思います。

それから，こういう形で本来だったら地方交付税でやるべきところをやらないで，地方税のやりくりを譲与税とか交付税財源に回すという極めてへんてこりんなやり方でやったということの背景というのは，基本的には国のほうの財源はなるべくもう手をつけたくないということになるかなと思います。

それからもう一つは，昔から議論があった地方交付税の不交付団体の余裕財源論というのですかね。地方交付税の不交付団体は，基本的には交付税の不交付なのですが，実はそこには余裕財源があるのだという財務省的な理解によれば，で

は，少しでもその余裕財源を削って，そ
れを地方に回してしまえという。地方交
付税そのものでそういうやり方はできな
いですが，地方法人2税を使って地方税
源間での特に東京におけるカッコつきの
余裕財源というのを地方に回しまえとい
うような形になったのだろうと思うので
す。これは国の懐は直接痛まないしとい
うことで，それからまた，地方レベルの
一定の財政運営上の必要性とか欲求不満
に少しは応えるということができるとい
うふうに政治的に判断されたのではない
かなと思います。

　それから，3番目の地方税収格差とい
う構造の問題，その解決策をどのように
考えているかということで，これもやっ
ぱり私の今日の報告では，基本的に法人
所得に基づいた地方法人2税という観点
から考えましたが，もっと広く考えれば，
さきほど，梅原会員が述べられたような
形の地方経済とか地域経済そのものの全
体的な引上げとか，公共事業ですとか，
それから地方交付税などによる財源保障
ということが一方で当然やる必要がある
と思うのです。それによって全体的な地
域経済の引上げというのはやっぱり必要
だと思うのですが，そうは言いながら，
なかなかそこが難しくて，法人所得の東
京集中に対する地方税収格差というのは
極めて大きい。いろいろ考えたのですが，
例えば個人住民税とか固定資産税の税収
の1人当たり格差については，地方から
そんなに不満は出ないと思うのです。個

人所得，それから不動産価格の高い，低
いに伴う税収格差というのは，それぞれ
の地域経済に基づくものですから。

　ところが一方，法人所得というのは，
基本的に全国展開している企業が，本社
がほとんど東京に集中している。それに
伴って法人所得だけが東京に集中する。
要するに，全国の経済活動の上澄みが全
部東京に行っているのだから，そうした
らその上澄み部分を少しは地方にもう一
度取り戻すべきだというような考えが生
まれるのもむべなるかなというようなと
ころが少しあるかと思うのです。デジタ
ル課税の話ともこれは重なるかなと思う
のですが。

　そういうことになっている問題はやっ
ぱり起きざるを得ないということで，そ
うすると，税制だけからすると，地域経
済の問題もあるのですが，例えば，個人
住民税とか固定資産税に対する地域間の
格差もある程度受入れということを考え
るならば，現在法人事業税であるような
付加価値割ですとか，資本割に伴う税収
という形のところをもう少し増やすこと
によって，地方税収格差という不合理さ
は少しは減るし，それから一定の合理的
な説得力といいましょうか，地方財源と
しての説得力は，より増すのではないか
なと私自身は考えています。

　それから，最後の4番目は全くそのと
おりでして，東京の集中と地域間格差と
いうのは，本当にデフレ下の中で人口は
どんどんどんどん東京に集中していると

いうことで、そうなのですが、だから、それを考えると、地方レベルでの雇用の場所ですとか、生活できる環境を一方で整えておくということがやっぱり必要だと思うわけなのです。それでも、最近の経済活動といいましょうか、企業経営の在り方からすると、法人所得の東京集中というのはなかなか変えるのは難しい状況にあるのかなと思っています。それに対応した地方税制を考えるというのも一つの手ではないかなとは思っております。

　ちょっとまだ足りないところはあるかと思いますが、以上で回答ということにさせてください。

司会　次は、鶴田会員から関野会員へのご質問があります。鶴田会員、お願いします。

鶴田（関西大学）　第1に、東京への税源偏在が著しいことは確かですが、地方税の充実による地方自治の前進、地方自治を進めるという視点から見た場合、東京の税源を削って地方に回すという国の政策は、地方団体間の競争をあおるだけで、地方自治の基盤の強化のための地方税源の充実にはならないと思いますが、いかがでしょうか。本来は、地方交付税の改革を行い、地方への交付税率を引き上げるとともに、地方への税源移譲が必要ではないかと思いますが、政治状況は全く逆の方向を向いているように感じます。どう対処すればよいとお考えでしょうか。

　それから第2に、地方への税源移譲や

交付税の引上げとともに地方自治の発展を図ろうとすれば、地域経済の経済基盤の強化が必要ではないかと思います。大阪ではインバウンドとIR、カジノ、万博開催を地域経済の成長戦略としようとしていますが、こうしたイベントとカジノ、観光で地域経済の再生が果たして可能なのかどうか疑問に感じています。地域経済の再生振興はそれぞれの地域の独自性を踏まえなければなりませんから一概には論じられませんが、それでもなお、地域経済の再生を図る上での鍵となる政策をどのように考えればよいのでしょうかということなのです。

　要するに、地方財政政策と地域経済政策、さらに国の財政政策あるいは租税政策の在り方、その三位一体で改革を考えないと、なかなかこういう偏在問題も含めて地方の財政の確立というのは難しいのではないかと思うのですが、そのあたりをどう考えておられるのかということです。

司会　関野会員、質問への回答をお願いします。

関野（中央大学）　鶴田会員のご指摘は全くごもっともだと思っています。ただ、今回の報告ではそこまでちょっと広げて総合的に見ることができませんでしたので、また今後、先ほど梅原会員が言われたデフレ経済下の東京集中という観点からは、もう少し地方の視点も入れた形で法人所得の東京集中というのをもう一回ちょっと考え直してみたいと思っていま

す。

司会　関野会員の報告への質問は以上です。続きまして，望月会員の報告に対してコメントと質問が，鶴田会員からあります。鶴田会員，よろしくお願いします。

鶴田（関西大学）　2点ほどコメントと質問をさせていただくと，要するに第1の柱における利益Aと利益Bというものがあるのですが，その中身が本当にあいまいなのですね。実を言うと，あいまいであるだけではなくて，利益AとBの関係がいったいどうなっているのかということももうひとつはっきりしない。つまり，利益Aというのは超過利益のところだけに限定されて，利益Bは通常利益のところにかかわるのか，それとも超過利益のところにもかかわってくるのか，そのあたりが何か非常に混沌としている感じがあって，非常に細かい技術的なことが議論されているのですが，何かその議論が非常に細かくなりすぎて，これはどうもOECDの移転価格ガイドラインと同じように複雑怪奇になって，専門家でもよくわからないというような状況になりつつあるのではないかという危惧を感じているのです。

この背景にあるのは，結局，いわゆる独立企業原則とセパレートアカウンティングという独立会計，これがOECDの考え方の基礎にあって，そのために多国籍企業を一体として捉えられなくて，個々ばらばらの，いわば企業単位で捉えるというところから非常に複雑な技術的

な手直しが必要になってくるという，移転価格税制そのものの弊害と同じようなものが出てきているのではないかという気がするのです。ですから，アメリカが横やりを入れてきますから，なかなかそれも進まないし，もう1年たって，昨年のほぼ前半には枠組みができているのですが，細部というよりは基本的なところで合意ができないという形になっているわけです。

私は，やっぱりこれを解決しようとすると，ここにも書きましたが，国際法人課税独立委員会（ICRICT）が提起しているように，定式配分方式のほうに行く以外ないのではないかと。そのあたりは，今回，原稿がちょっと長くなりましたが，私のほうで最後に国際課税改革の在り方として出させていただいていますので，またご検討いただければということで，2点についてだけ簡単に紹介させていただきました。

望月（立命館大学）　まず，1点目のOECDの第1の柱（Pillar 1）の利益の考え方ですが，まず多国籍企業のグループ利益を通常利益と非通常・残余利益に分けています。その区分は，有形資産か無形資産かです。すなわち，通常利益は有形資産投資による部分，非通常・残余利益の部分は無形資産投資による部分ということで分けています。これはおそらくアメリカの提案をうまく定式化するような形の分け方をしていて，さらにその非通常・残余利益を営業的な通常の無形

投資による利益の部分と，マーケティング無形資産に係る利益部分とに分けて，利益 A（Amount A）で分配しようとしているのは，その無形資産投資に当たる非通常・残余利益の中のマーケティング無形資産による利益の部分構造と基本的に考えられているのではないかと，私はまずそのように理解をしています。

次に，利益 B（Amount B）について，これをどう理解するかということなのですが，利益 B は，これも残余利益の超過利益の部分なのか，それとも通常利益の部分か OECD の報告書を見てもよくわからないというのが正直なところです。ただ，はっきり言えるのは，利益 B のほうは，今までどおりの独立企業原則の枠組みの中で捉えられているという認識なので，通常利益の中の一定部分だと考えられているのではないかと私は理解しています。

ただし，おっしゃるとおり，もともと OECD は，鶴田会員もご存じのとおり，定式配分方式をミシガン大学のアヴィ・ヨナ教授が提案されたとき，これに対して反対していて，定式配分方式を導入しないというのが，もともとの OECD の立場だったのが，ただ，今回の議論の中で，独立企業原則を維持しようとしつつ，なおかつ，でも定式配分方式の国家間の利益配分という考え方を取り込んでしまったために，そこに中途半端でわかりにくい部分が残ってしまった印象を受けています。それが，基本的には利益 A と B，

今回の青写真ではなくなりましたが利益 C という形で，Pillar 1 の第 1 の柱の国家間の利益分配ルールを決めたわけですが，これらを単純にみると定式配分方式にほかならず，鶴田会員がおっしゃるとおり，私も全て定式配分方式とするほうがすっきりするのではないかと思います。それを独立企業原則の中の今までのルールもある面維持しつつ，でも国家間に配分しなければいけないという，そのジレンマの中で生じたわかりにくさや混乱なのではないかなというように，私も理解しています。

ただ，最初に言ったとおり，通常利益は有形資産投資で，非通常・残余利益の部分は無形資産の投資，その無形投資の中で，その一部がマーケティング無形資産による投資による利益部分で，その部分を今回，市場国に対して，売上げの基準でいいかどうかという問題がありますが，鶴田会員もご存じのとおり，アメリカの州の中の分配でいろんな議論や，混乱があった中で，今のところは一つの基準としては課税売上げで分配していく考え方を取っているものと理解しております。

以上が 1 点目の利益に対する質問への回答です。申し訳ございませんが，2 点目の質問を確認させてください。

鶴田（関西大学） 要するに，こういう細かい技術的なところに入るのは，セパレートアカウンティングと独立企業原則に頼っていることが，結局こういう迷路

に入っていって，最後にアメリカが横やりを入れて，セーフハーバーなんて言い出しているわけですが，セーフハーバーをやられると，もう多国籍企業は自由に選べるということですからね。制度には乗りませんと言われたら，それまでなのですね。ある意味で，ちゃぶ台返しのような，そういう，ムニューシンは昨年12月に OECD 改革案に「深刻な懸念」を表明するわけです。

望月（立命館大学）　2019年12月のセーフハーバー提案ですね。はい。

鶴田（関西大学）　それが今，非常に大きな障害にやっぱりなっているのですね。だから，今後はどうなるかわかりませんが，共和党政権から民主党政権に代わりますから，バイデン政権の下でいったいアメリカがどういう立場を取るのかによりますが，いずれにしても，今までのようなやり方ではなくて定式配分方式の方向に行く以外に解決策はないのではないかと。

　それと，要するに，行動13でしたか，国別報告書が，今，税務当局の間だけでしか公表されていませんが，これを本来は公開して，多国籍企業の実態をもっと明らかにするということと両輪で規制をしていく以外に，国際課税改革の方向性があり得ないのではないかということなのです。

望月（立命館大学）　私も，先ほども利益 A や B について申し上げたとおり，多国籍企業のグループ利益の市場国への

配分の技術的課題を細かく検討していく中で，非常に複雑で実際に運用できるかどうかという現実的な問題が起こるのではないかと思っています。この分配のルールが複雑化していく中で，やはり原点に返ると本当は定式配分方式で行くというのが一番すっきりしますし，アメリカの州間分配での実績がありますから，配分ルールとしては明確化もでき，現実的な運用もしやすいのではないかと，その点は私も鶴田会員と同じように考えています。

　加えまして，これから国家間で利益を分配していくということになると，その調整をどうしていくかという問題が生じます。実際に「税の安定性」という項目で，今回の青写真でも，紛争解決や紛争予防において，例えば実際の税務当局間の紛争を審査したり裁定したりするメカニズムを設けようとしています。それは，いろいろな国際的な多国籍企業情報について，国別報告は一定自動的共有されるようになっていますが，さらに詳細な情報を共有して，利害調整をしていくようなメカニズムがないと，提案されているような利益の配分のメカニズムは実現できないのではないかと思います。

　それには，金融口座の自動情報交換と同様な仕組を，移転価格情報も含めて整備する必要があります。あと利害調整するためのメカニズムも同様に，OECD がルールの部分は検討していますが，実際に裁定審査みたいなことを，OECD が国

際組織をつくってやらないとできない話だと思うので、そこまで行けるのかというところも疑問に思っています。ルールができても、それが実際に運用できるまでには、かなりの時間と準備が必要になるのではないかと考えます。

浦野晴夫会員から、アリババ傘下のアントグループのお話と関連して、中国当局が、デジタル人民元を今後実際に導入していく中で、租税回避やBEPS問題なんかにも関連してくるのではないかという質問がありました。

このアントグループについては、私も少し調べたことがあります。実はこれは中国当局が通貨統制をしようというよりは、アントグループというのはアリババの傘下ですよね。アリババのジャック・マー氏が10月ぐらいに講演をされていて、そこの中で、中国の問題は金融システムではなく金融システムがないことだというような、かなり強い当局批判を含めた発言をされたようです。それに対して、本当は、11月5日にアントグループは上場する予定だったのですが、急遽11月3日の段階で中国当局から待ったがかかって、上場基準を満たしていないという理由でその直前のところでストップがかかったという報道がありました。

これは税制だとか経済の問題ではなくて、中国当局に対して、アリババの創業者、ジャック・マー氏を中心とするグループが、批判的な踏み込んだ発言をしてしまったので、それに対する中国当局の規制というのがアントグループの上場に対して、待ったがかかった理由のようです。これとデジタル人民元の話というのは、またちょっと話が別なのではないかと私は考えております。

また、デジタル人民元の導入の影響については、今回の報告とはテーマがずれますので、別の機会にお答えさせていただければと思います。

司会 次に、岡田会員の報告への質問とコメントに移ります。木村幹雄会員から岡田会員への質問とコメントをお願いします。

木村（愛知大学） 岡田会員のご報告では、近年の災害税制の変遷を振り返るとともに、今般の新型コロナウイルス感染症に関しての税制の対応について詳細に教えていただきました。これが研究叢書に載ることによって一連の出来事についての時系列での記録となり、後日、参考にするときに意義のあるものになるのではないかなと期待しております。前半部分ではそのような現行の税制についての説明で、後半部分でご意見、ご主張があったかと思います。それで、後半部分についていくつか追加でお教えいただきたいなと思います。

まず、レジュメ7ページの納税猶予のところの最後に「この条項を基本に据えたさらなる措置を求められよう」とありますが、どのようなものを想定されているかお教えください。コロナだと言えば納税しなくてもいいという状態にしてし

まってはいけないと思いますので，その
あたりの対策をどのように考えておられ
るでしょうか。

　2つ目として，レジュメ8ページの7
行目に「上記のような税制では不十分す
ぎる」とありますが，税制で全てをカバ
ーするというのはなかなか難しいのでは
ないかと思います。どこまでを税制で対
応する必要があるのか，考えられていま
したらお聞かせください。

　そして3つ目，レジュメ8ページのま
とめとしての中で②として「『収入の減
少』等を明文化すること」とはどのよう
なものでしょうか。収入の減収には災害
だけではないと思いますので，その点に
ついてお考えをお聞かせください。

　4つ目として，レジュメ8ページのま
とめの後半部分，「被災者の負担軽減を
図る災害税制，被災者救援税制の確立が
求められる」とありますが，猶予したそ
の納税額を免除するというふうなことを
考えられているのかどうかお答えいただ
ければと思います。

岡田（税理士）　実は，このテーマをい
ただいて，報告をするようにというお話
をいただいたのが9月末だったものです
から，短期間でこの災害税制について考
えることになったのですが，このコロナ
の感染の過程で実務上いろいろな問題に
ぶち当たってきたということがありまし
たので，とりわけ現行の税制が今回の感
染症にはほとんど手を持っていないこと
はかなり感じていたということを全体と

して今回発表の中身とさせていただいた
ということになります。

　具体的に今ご質問いただいた点で最初
のところですが，「この条項を基本に据
えたさらなる措置」と申し上げたのは，
この通則法46条2項1号の災害等に基
づく納税の猶予という規定がありますが，
これが実質的に機能できないということ
がありましたので，これをどう機能させ
るかということなのです。特にその中で
延滞税の全額免除ということがありまし
て，これは一部免除も含めてなのですが，
もう少し拡大していく必要があると思っ
ています。これは緊急時の問題だけでは
なくて通常の時期においても，換価の猶
予に，申請型ができましたので，使いや
すくはなってきているのですが，この猶
予制度そのものがまだ十分に機能を果た
しているとはいえない状況があるのかな
と思っております。とりわけ今回は国税
について触れていますが，地方税に関し
て言うと，ほとんど機能していると思え
ない。猶予申請の申請書さえ都道府県段
階で役所の窓口に用意されていないとい
う例が散見されるということからすると，
この猶予したくないという行政側の気持
ちが非常に出ているということがありま
した。それも頭に置くと，こういうコロ
ナ感染という状況の中でこれが使い勝手
がいいものになっていくということがあ
れば，通常期においてもそれを生かして
いけるという常設化といいますか，そう
いう方向性が見えるのではないかという

ことが1点ありました。

　2つ目のご質問のところで，私が「上記のような税制では不十分すぎる」と書いたのですが，もう何度も繰り返していますが，コロナウイルス感染症において，財産，家屋であるとか家財であるとか，そういうものに対する損害が発生するということはあまり考えにくいということがありまして，特にこの感染症の結果，経済への影響と考えたときに，やっぱり収入の面での減少ということがどうしても頭にありますので，そこに新たな足がかりをつくるような仕組みが必要なのではないか。そのときに災害減免法の組み直しということを頭に置くことも大事ではないかというふうに考えた次第です。

　災害減免法は，所得税と相続税，贈与税の一部ということにしか今は適用がなくて，地方税においては条例主義の下で，これはどこまでできているのかわかりませんが，あるという状況かと思うのです。だから，法人税，消費税については適用の対象になっていないということからいうと，少なくとも消費税についてはこれを取り込むということも課題の中に入るのではないかということは，ちょっと頭の中にはあります。

　3つ目の質問で，今のその収入の減少と明文化したとすると，災害だけではないことがありますねという話でありまして，まさにそうなのですが，これは先ほどの通則法の46条2項の災害等に基づく納税の猶予ということも頭にあったわけですが，災害に基づく収入の減少ということについて，これまでになかった仕組みとして災害税制というものの中にビルトインできないかということが頭の中に今あるということになります。

　ですから，災害の定義の中に感染症を組み込む。同時に，そのことによって災害の範囲が広がるということで，そこに収入の減少に対する対応ということについて持っていくということをしないとならないかなと。ただ，その場合，どの仕組みの中にこれを入れるかというのとその収入の減少とは，どういうふうにして測るのかということがあると思いますが，当座は，この滞納なり徴収という部門では生きてくるのではないかなというふうに思っているところです。

　それから，最後のご質問ですが，「被災者の負担軽減を図る災害税制，被災者救援税制の確立が求められる」と言っている中身を問われました。具体的には減免措置のことを考えていましたが，滞納の場合で言うと執行停止ができていくという道が開かれるべきかなというふうに思っています。現在も，執行停止の扱いは役所サイドの中にあって，納税者，滞納者がこれにアクセスしていくということができない仕組みになっておりまして，申請型も検討の課題になると思いますし，その執行の停止の道が開かれていくことによって救済されるということができてくるだろうと思います。

　ただ，ご指摘にありましたように，滞

納するという問題について，滞納処分をしていくという役所サイドから見れば，公平な税負担という点で大事な問題なわけです。これを簡単に，安易に税金を払わなくてもいいということにはならないわけでして，そこのところの歯止めというのは非常に大事だと思います。現行はほとんど猶予制度がせっかくあってもこれは機能しないという状況になっているので，このコロナ感染ということを機に，特例もできましたが，もう少ししっかりとしたものにすることによって，通常時にこの制度が生きていくような方向性が見えていけばいいのではないかなと思っているところです。

司会 それでは，次に行かせていただきます。岡田会員に鶴田会員からの質問があります。

鶴田（関西大学） 今そこに3点書かせていただいているのですが，今回はコロナとのかかわりで，災害税制，被災者救援税制の見直しを行ったということで，この点は非常に重要なご提案だと私は思います。ただ，私，税務行政のほうは門外漢なのでよくわかりませんから，そこで，ちょっと提案されていることで，負の所得税を含む税額控除制度を組み合わせるというご提案をされているのですが，私は負の所得税制度については，給付付き税額控除になってくると思うのですが，これはあまり賛成ではないのです。これを入れると税制と社会保障制度の間がこんがらがってくる問題があって，おまけ

に世帯所得をつかまえないとこれはできませんので，そのためにはまたマイナンバーとかなんとか言い出すおそれがあって，いいのかという，その辺の疑問が第1点目です。

2点目は，これはもう本当にないものねだりのような議論なのですが，税制による災害対応という点では確かに減免しかもうないような形になりますので，それ以上のことがなかなか出てこないと思うのですが，やはり災害への対応の基本は財政支出による生活保障と生業保障ではないかと思います。そういう面では，この財政支出を支える税制の在り方そのものと絡めて議論をすることがいずれ必要になってくるのではないかという当たり前のことをここでは論じているのですが，そのあたりをどうお考えかということです。

3点目は，その点とのかかわりで，この財政支出という点では，近年，雇用調整給付金などが民間団体に丸投げされて，しかも，中抜きされる，しかも，その実態が不透明だという問題が指摘されているのですが，これは翻って考えると，地方自治体がこの間非常に弱体化されていて，したがって，国の政策を本来なら地方自治体を通じて行う方がもっと公正なやり方で実施できるのではないかと思うのです。いわゆる新自由主義的な政策によって民間団体に非常に不透明な形での事業の丸投げ，これが今問題になっているのではないかということで，そういう

点では地方自治体の人員の拡充とか財政拡充のほうが本当は優先される課題になってくるのではないかというふうにも思うのですが，そのあたりをどうお考えでしょうかということです。

岡田（税理士） 今のお話の最初のところですが，負の所得税を含むというふうに申し上げて，そういうと，給付付き税額控除とすぐ来るかなというふうに思っていて，私自身も給付付き税額控除の制度についてはかなり懐疑的というか，賛成はしていないのです。ただ，負の所得税という形にして，所得税の確定申告を通じて税額控除をしたところで，税金がゼロになった場合においても，マイナスの税が立ってそれが還付される仕組みというのは，給付のありようとすれば一つの選択肢としてあるかなと思いますし，イギリスやアメリカにおいてもそのタイプのものが既にあると思いますし，他の国々でもそういうものが動いているという認識がありまして，それについては考える余地はあるのかなというふうな意味合いです。

それから，税額控除制度との組み合わせと申し上げたのも，まさにそこで，所得控除か税額控除かという議論がありますが，公平性という点では，内容によりますが，税額控除制度を併用していくということは，選択肢としては重要なものとしてあるだろうという考え方を持っており，その意味ではこれを考えたわけです。ただ，この背景というか，先には，

今の年末調整制度を維持するのがいいかどうかという問題もあり，アメリカ型の全員申告制度に移っていくという方法も選択肢としてはあり得るのだというふうに思っています。そういうことも含めて見たときに，こういう負の所得税の制度は，その中では機能し得るかなというふうに思っています。

ただ，あとのご質問ともかかわりますが，社会保障制度全般との関係で，税の仕組みの中に社会保障的な役割がいくつも入っているわけで，そういう整理はなかなか簡単にできないということがあるのです。そういう整理の過程と結びながら，検討課題になるのではないかというのは，2つ目のご質問ですが，今のこととかかわりますが，おっしゃるとおり，今回は災害税制ということについてだけ申し上げたということであります。不公平な税制の是正とか，所得税や法人税の組み直し問題とか，あるいは富裕税の創設というような問題も課題ですし，分離課税を是正するようなことも含めてやっていく必要があると思います。国連からも出ているかと思いますが，格差是正という意味で，公正な税制ということがコロナとの観点でも提案されていると思いますので，なお，今後の税制全般で言うと公平な税制に向けていくということ。所得税については，とりわけ再分配の仕組みを強化していくということが必要なのではないかなというふうには思っております。

最後のご質問のところで，おっしゃる
とおりで，おかしなことがいっぱい起き
ているわけですが，それは，この災害と
の関連で言うと，今，復興特別税という
ものがあり，2037 年まで所得税にオン
されるというものが動いていまして，お
そらくこれがなくなるときに私は生きて
いないと思うのですが，こういう税制が
なんでできているのか。

　向こう 10 年たってしまうと，災害復
興の災害というのは何の災害だったかわ
からなくなるのではないかというところ
があるのです。こういう税制によって復
興が賄われようとしてきたわけですが，
実際には，税務行政にかかわっていえば，
その復興の中身は，東京の荒川税務署だ
とか，大阪福島税務署であるとか，こう
いう税務署の修復みたいなものにこれが
使われているというようなことが指摘さ
れたということもありますように，この
税の使い方については非常に問題があっ
て，それは先生ご指摘の訳のわからない
団体に丸投げされるということも相通ず
るものかなと思いますので，そういう新
しい税制をつくるということも含めて考
えておく必要があります。この後怖いの
は，今後も相当財源が必要な対策をとる
ということになっていくと思います。そ
ういう意味でいうと，この後の大増税と
いうことはすごい気になっており，これ
は消費税のありよう等も含めて，本当に
考えていかなければならない，議論して
いかなければならないという問題が横た

わっているなという実感を非常に強めて
おります。

石村（白鷗大学）　ちょっと問題がある
かなと思うので，全体の質問ですので，
1 回だけ話をして，後でほかの先生方も
時間の範囲内で答えていただくという形
でお願いします。

　私は 3 名にお話をしているのですが，
個人に現金給付を実施する場合は大きく，
経済対策としての資格とか，所得税源を
問わずに，適格者に位置づけをする場合
と貧困対策として，資格や所得制限を設
けて適格者に定額給付する場合が，我が
国の場合は経済対策をベースとして，住
民登録のある人に 10 万円をいわゆる特
別定額給付金として支給しました。アメ
リカの場合は貧困対策をベースとして，
所得制限を設けた上で居住者に，大人
1,200 ドル，子供に 500 ドルの現金給付
をしました。この給付金は，我が国では
非課税，アメリカの場合は課税，一方，
中小のビジネスに対しては，各種支援金，
雇用調整助成金，持続化給付金，自治体
休業給付金，それから家賃支援寄附金な
どを支給して，課税しました。

　課税，非課税の政策選択の裏には，先
ほど岡田会員がお話ししたように，原則
全員確定申告をするアメリカと，個人で，
給与所得者については年末調整の適用が
ある日本との国情の違いが一つ反映して
いると思うのです。それで問題は，アメ
リカの場合は，中小のビジネスに対して
各種の支援金をほとんど給付していない

のです。いわゆる財政上の支援措置に代わって金融上の措置として，政府及び民間の債務保証，さらには延納など，税制上の支援措置を徹底しています。

　この選択の背景の裏には次のような理由があります。パンデミック封じの，いわゆるロックダウンの劇薬には確かな流行防止効果があるのですが，しかし，中小のビジネスに破壊的な打撃を与える。とはいっても，ロックダウンと休業支援金のセットメニューは最適ではない。なぜならば，地震や大洪水など一過性の大震災と異なり，いつまで続くかわからないコロナパンデミックで国家財政破綻も容易に想定されるからです。このことから，パンデミックに脆弱なモデルのビジネスに市場から撤退を促す意味で，財政支援措置としてのセットメニューはできるだけ避けるべきであるというふうにしています。しかし，個人には財政措置を講じ，失業保険給付，さらには金融支援，税制支援などで手厚く保護しています。ただ，こうした政策の裏には，いわゆるリバタリアン的な発想であるという批判もあって，この辺はどうなのかということ。

　次ですが，復興特別税は，25年間，先ほど岡田会員が言いましたが，そして住民税については10年間で，しかも，法人については3年だったのが2年で打切りと，こういうことが充てられているのですが，この評判のよくない復興特別税は，実は今うわさの日本学術会議の東日本大震災対策委員会の提言に基づいているのですよね。今回のコロナパンデミックについて，終息後，国又は自治体レベルでこの種の復興増税導入を考えるべきなのか。

　学術会議の素案は，法人増税は2年で打切りなど，政府の惨事便乗型，いわゆるディザスター・キャピタリズムですよね。資本主義のショック・ドクトリン政策の呼び水的な役割を果たしているのかどうか，疑問符がついていると。今考えると，学術会議の提案は稚拙ではなかったのかと。その辺を伺いたいということ。

　それから，これは先ほど奥谷会員からありましたが，税制上のパンデミック対策としての消費減税も一案であるが，期間限定の消費減税はソフト対策費用などビジネスにマイナスの意見，それからパンデミック終息後，特別復興税ではなくて消費増税で国の財政改善を図るべきであるという考えがあるが，この辺がどうかと。

　それから，税制上の支援措置としては，租税の緩和面から，いわゆる租税の履行を緩和する措置，いわゆる納期限の延長，延納，それから徴収手続を緩和する措置，納税の猶予，徴収の猶予，それから滞納処分を緩和する措置，滞納処分の執行停止，緩和の猶予などがある。このパンデミックのさなか，一般に納期限の延長，これは地方税はあるのですが全然議論されていないのですが，まだ，ここではですね。注目されるのですが，しかし，菅

政権が掲げる自助ファーストの新自由主義の政策の下では，コロナ禍のディスラプションは避けられない。このことから，課税庁は嫌がると思いますが，滞納処分の停止の弾力的な運用が重要なのではないかと。弾力的な運用を積極化させるための法解釈あるいは換価の猶予の特例，これは変わりましたよね，に倣って，滞納者から請求できる権利とそれぞれの政策的な課題について，報告者の考え方を聞きたいと思います。

　岡田会員の答えられるところを簡潔に答えてください。

岡田（税理士）　最初の質問は大変難しいことですので，私の思っているところだけ申し上げると，一律支給のやり方ということについて，マイナンバーカードとの関連で議論が行われるということになっていまして，これについてはどうかなというふうな思いを持っております。即効性の問題とかということがあるのですが，仕組み的には，地方税当局といいますか，自治体が一人一人の住民の所得情報を持っているということからすれば，自治体での対応は非常にやりやすいことだと思います。国がこれをやろうとすると，そのデータをもともと持っていませんので，それは無理かなと思います。そういう意味で言うと，マイナンバーカードに結びつけなくても，これは工夫によって十分やっていけるというふうには思っています。

　2つ目のセットメニューの話がありま

したが，石村会員のご意見であるということではないかもしれませんが，現在のこのコロナ感染症との関係で言うと，自粛要請がずっとかかってくるということに対して，とりわけ個人事業なのですが，企業がこれに対応するとしたときに補償とセットでなければならないということがどうしてもあるだろうと思っていますので，そういうところをどうするのかということはあるのではないかなというふうには思います。

　最後の執行停止のところですが，先ほど申し上げましたように，執行停止については，私は，これを進められるような仕組みというのは大事だろうと思います。ただ，滞納がいったん始まった後の手続については，納税者の権利の視点で見ると，非常に手薄になっているのです。ですから，国税徴収法を含めて考えれば，昭和30年代にできあがった法律ですから，これはもう一回大きく見直しをするという全面改正が必要だなと思っていまして，そういう議論もできれば本学会においてもやっていただければうれしいなと思っているところです。

石村（白鷗大学）　一つだけ。復興特別性について，日本学術会議の訳のわからん提案を，我々，学術会議は，うちも学術会議参加団体ですからいいのですが，こんなものをどんどんできるたびに25年とか，復興税をつくっていったら，増税だらけになってしまいますでしょう。この辺の提案なんかをどう考えるか，ち

ょっと先生のお考えを伺いたいのです。

岡田（税理士） あのとき何だったのかというのはあるのですが，リーマン・ショックがあった直後で経済も相当疲弊しているという状況があったかと思います。そこへ民主党政権が生まれるという政変があるという状況の中で，財源問題というのは一定の考えなければならない重要課題になっていたというふうには思うのです。そういう状況の中で，なんでこの学術会議がこういうふうな判断に至ったのかは全然想像がつかないのですが，文書を読むと，ごく簡潔に書かれてはいるのですが，これに飛びついたという感は否めないかなというふうには思います。

25年もそうですし，法人を3年として2年に短縮したというのもそうなのですが，これも学術会議が想定していたことではないとは思うのです。ただ，そうはいっても，増税と新税という提案をされたという点でいうと，あのときにそれをすべきであったかどうかというのは疑問に思います。

司会 今の石村会員よりの質問に対するあとの2人の回答については，それぞれのところでお答えいただくということにさせていただきます。続きまして，高木会員の報告へのコメントと質問に移ります。望月会員お願いします。

望月（立命館大学） 高木会員のご報告は，新型コロナウイルス感染症等の影響に対応した災害等による期限の延長の適用に関連して，国税通則法11条と同法施行令3条の期限延長について，「やむを得ない理由」の解釈を従来からの裁判例を丁寧に追った上で，これが国税庁のFAQなどでは「柔軟な取扱い」だというようにいわれているのですが，実際はそうではなくて，基本的にはむしろ従来どおりの法令や判例の考え方を取り入れて行ったものであるということを指摘されました。これを「柔軟な取扱い」というように国税庁が言ってしまうと，納税者や課税実務を取り扱う者において，解釈上これまでの実務の慣行との間の乖離や混乱が生じてしまうのではないかという懸念を示されています。特に途中の判例のところで取り上げられて，はしょられたところの中にあったかと思うのですが，国税庁のFAQの問1では，「申告期限及び納付期限は原則的に申告書の提出日」という扱いになっており，申告書が申請書を兼ねてしまうと，申告・納付期限が申告書の提出日ということになってしまいます。そうすると，結局，申請書の提出日が申告・納付期限と同一なので，申請から申告・納付期限までの間に審査期間がないということになってしまうことになります。

実際上，国税通則法11条の条文の構造から見ると，国税庁長官，国税局長，税関長等は，災害その他やむを得ない理由により，国税に関する法律に基づき申告，申請，請求，届出その他書類の提出，納付又は徴収に関する期限までにこれらの行為をすることはできないと認めると

114

きは，政令で定めるところにより，その理由のやんだ日から２か月以内に当該期限を延長をすることができると規定されています。その委任を受けて国税通則法施行令３条に具体的な定めが置かれています。

こういう条文構造の中で，実際上，もし申請と申告・納付期限が同日になってしまうと，その後ですぐに審査できない中で，結局，もし事後的に要件を満たしていないということになってしまえば，無申告加算税とか延滞税や利子税が賦課されるおそれが生じてしまいます。そういった法11条と施行令３条３項を適用したことによる，これまでの判例や実務との考え方の乖離について，国税庁は法11条をどのように解釈したのか。高木会員のこれまでの判例や実務の解説から見ると，その点は理解した上で適用されたのか，それとも，もう本当に緊急避難的に，国税通則法11条と施行令３条を適用したのか，それにはどのような背景があったのか，もしご存じであれば教えていただきたいというのが質問の第１点目です。

次に，２点目は，報告の最後のところで提案されていた部分ですが，通則法11条と施行令３条１項や２項の積極的な適用と，さらには立法による特例の制定ということを提言されていたと思うのですが，その点が時間切れになってしまいましたので，補足的にご説明いただければと思います。

高木（産業能率大学）　１点目のご質問ですが，私の知っているところで，まず国税庁が実際どのような対応をしているかというところですが，週間税務通信というところの令和２年10月５日に出たものにちょっと関係のある記載がありまして，ちょっと読み上げてみます。まず，これは個別延長等について，今事業年度の方針と調査対応などを国税庁に取材したものに対しての回答が要約されています。まず，現状でも当面の税務上の取扱いがいつまで利用できるのか，こういう疑問の声が上がっている。これに対して，国税庁によれば，現時点においても取扱いに変更はないということで，まだ災害その他やむを得ない理由が生じている。これを実際に国税庁のほうは個別的に考えているようで，企業ないし個人が個別的にその事情によって異なるということを前提としているので，まだこの取扱いは当面続けていくというふうに言っています。

ただ，ちょっと気になりますのが，こういう言い方をしているのです。後々調査でやむを得ない理由を尋ねることもあると言っておりまして，ここでは，個別延長が認められた申告についてもというふうに言っているのですが，認められたかどうかということは，実際に税務署とか課税庁のほうから返事があればいいのですが，まずなくても認めているというふうに解釈しているようです。私の法令解釈からすると，むしろ返答すべきとい

うふうに解されますので，返答しないと
いけないのですが，返答しなくても延長
は認められるというふうに国税庁は考え
ているようです。

　ただ，後々の税務調査などにおいてや
むを得ない理由を尋ねることはあり得る
というふうに国税庁の担当が答えていて，
そのときにも，原則的には本当は申告で
きたのではないかなど，やむを得ない理
由の有無を事細かにお伺いすることは，
ないというふうに言っているらしい。そ
うすると，何のために聞くのかなという
ところなのですが，ここで結ばれている
のは，調査に際してやむを得ない理由が
あったことを証明するための詳細な資料
までは用意する必要はなさそうだという
ことで，書かれています。

　これを総合しますと，調査で一応認め
る，何も返事がなくても認めたような形
があるとしても，一応調査で聞く可能性
があるということで，場合によっては，
これは悪い読み方をするとひっくり返さ
れる可能性も否定できないというところ
はあるのかなというふうに思っておりま
す。その意味でも，やはり判断基準とし
て11条ないし通則令の3条の判断基準
というのは非常に重要になってくる。通
達で，実際には自己の責めに帰すべき理
由を除いているのですが，最高裁の決定
においては，これは問わないというふう
に調査官もはっきりと言っているので，
この点は，今後，課税庁と何らかの見解
の相違が生じたときは，しっかりと主張

を納税者の立場からしていくべきなのか
なと思っております。

　次のご質問です。国税通則法の施行令
3条には1項と2項，3項がございまし
て，1項は実際には地域指定というもの
として言われていますが，今回の新型コ
ロナウイルスではこの1項は使っており
ません。4月16日までに延長したもの
が2項なのですが，2項は1度だけ，
これは個人に限って，所得税，それから贈
与税と消費税，こちらについて適用して
いるのですが，こちらの利用は，諸外国
なども考えると，我が国で1か月しかし
ていなかったのですが，今，第3波も広
がっている中で，1項ないし2項をもう
少し機動的に使う。こちらはいずれも
「国税庁長官は」となっているので，国
税庁長官の指示に従って行う。告示に基
づいてやるという形になっております。

　柔軟な取扱いということで取り扱われ
ているのが，この3項に当たる部分です
が，こちらは国税庁長官のみならず，税
務署長等ということになっておりまし
て，「災害その他やむを得ない理由によ
り」と来まして，最後のところですね。

　「当該行為をすべき者の申請により」
というふうに，ここで初めて申請という
言葉が出ております。それで「期日を指
定して延長をするものとする。」

　先ほどちょっと後半でお話を省いてし
まったのですが，私の解釈とすると，申
請によって期限を延長するというふうに
ここで規定されているので，応答を必ず

しもしなくても，延長は課税庁の側から決定をして期日を指定すれば，効力は生じるのだろうというふうに考えたいと思っております。

こちらの規定ですが，ただ，さりとて納税者の側からは本当に延長されたかどうかわからないし，先ほどの国税庁が言ったとおり，税務調査が将来あって，そこでそういうことを聞かれて，場合によってはそれがひっくり返る可能性も考えると，やはり申請ということに対しては応答をすべきではないか。ただ，このコロナというものは急な対応が必要ということと，多数のニーズに対応していかなくてはいけないというところで，これについての対応としては，申請という手続ではなくて，納税者性善説というふうな形に立って，まず納税者の側にこういうような場合は申告をしてもらって，申告をすれば効力が生じるという形にして，調査を無作為にやって，そのときに問題があれば，その場合は取り消す，このような仕組みを提案したいということで申し上げました。

司会　次に，奥谷会員の報告へのコメントと質問を，大東文化大学の森会員，よろしくお願いします。

森（大東文化大学）　まず，奥谷会員のご報告ですが，ドイツについては，日本でも売上税の時限的な税率引下げということで紹介はされていますが，それ以外の内容については，1件だけちょっと私も見つけたのですが，あまり紹介がなさ

れていません。それから，この売上税についての評価ということについても，ちょっと見受けられるぐらいでありまして，特にドイツのほうなんかでいろいろ議論がなされているというところですね。私も改めて奥谷会員の報告を聞かせていただいて，なるほどなということがわかりました。非常に考える参考になったのではないかと思います。

日本でも消費税の引上げ，引き下げる引き下げないということの問題は議論されていますが，その議論についても，まるで条件が違いますし，難しいだろうなということもいえるのかなと思います。特に今回奥谷会員も指摘されていた点で申し述べますと，やはり時間制限というよりも，今回，ご覧いただくと，6月に2回法律ができています。しかも，この準備期間がほとんどといっていいほどない。1か月もなかったという感じですか。このような状況の中でどの程度効果があるのか。なぜこのような政策が出てきたのかということは，ちょっと私もドイツ語の文献をいくつか調べたのですが，正直なことを言うと，ちょっとわかりませんでした。

なので，なんともいえないのですが，第1次コロナ税制支援法ですか，これのときはそこそこ効果があるような評価がなされていたのに対して，第2次になって税率の引下げをさらに広げたということは，第1次，駆け込み的な要素だったのか。ちょっとこのあたり，ドイツ語の

文献でもわからなかったので，ちょっと理由がわかればなというところがちょっとありました。

あと，日本でも最初，この売上税の引下げというところについては，例えば慶應義塾大学の土居丈朗先生で経済論でしたっけ。土居先生が，最初は非常に好意的な評価というか，なぜできるのか，それは財政黒字だからだという評価とかもなされているのですが，後々にご覧になった方もおられるかもしれませんが，朝日新聞の，これは9月30日付けのネット記事ですが，消費減税の効果がいまいちなんだと。想定外の効果ということでちょっと紹介されていました。

どういうことかというと，先ほど奥谷会員もちょっと言われたかなと思うのですが，物の値下げです。値下げセールで減税がかすむとか，総額表示で値札が変えにくい。これはドイツ語の文献なんかでも紹介されていたところで，やはり総額表示でなされていて，それがしかも時限的である。そのようなことを考えると，実際に減税されたところで，その表示って変えにくいですよね。そういうようなところとかで，やはり税率が短い間にころころ変わるということについては，私も売上税の引下げ効果は短いのかなと。

ドイツは原則として引き下げない。それから財政黒字を維持するということで，ここに，奥谷会員は指摘されていなかったかもしれませんが，やはり基本法115条の財政黒字原則といっていいのでしょうか，それの縛りというのが今回のコロナ税制支援法の中にあるのかなということがちょっと気になるところでありました。

司会 奥谷会員，回答と返しのコメント等，何かございましたらよろしくお願いします。

奥谷（広島修道大学） 今お話のありました準備期間の短さ，それと1次法と2次法の関連性については，おそらくずっと財務省で出しているパッケージですとか，書簡で出されていたので，とにかくできるものをまず1次で出して，その後，本格的なものを2次で出したのではないかなというふうに個人的には思っているところがあります。

ですから，特に損失の繰戻しの比率を1次の段階で15％のような素案が出ていたのが，2次で規定を整えて30％にするということがあったことから，そのように考えているところはあります。

報告の中でも触れさせていただきましたが，やはり減税効果が少ない。それは総額表示だからというところはまさに今コメントいただいたとおりだろうと思います。そして，財政黒字原則です。これも先ほど少し報告のところで財政規律が基本法上あるのでということで申し上げさせていただきましたが，それとの関係でやはり給付が少ないというのも日本との違いで，そういったところに現れているのではないかなと個人的には考えております。

石村（白鷗大学）　私が岡田会員に質問した同じ点についてお答えいただければと思いますが，奥谷会員，よろしくお願いします。

奥谷（広島修道大学）　1点目のところです。やはりここも財政黒字原則，財政規律があるという点でなかなか直接的な支援金というものは出しにくいのではないかなと思います。その点について，リバタリアン的な発想であるとの批判がどうかというようなところは，ちょっと見ていないので，わからないところがありますが，個人にも法人にも金融支援と税制上の措置の両方を提示しているという点で，実際に9月の段階でいったん失業率は減少しているようです。そういったところで雇用を守っていこうという発想がドイツのほうでは強いという点では，アメリカとは少し異なる発想での対応を取っているのではないかなと思います。

　2点目，3点目にかかわるところで，復興特別税のお話がありますが，ご承知のとおり，ドイツでは東西の再統一後に連帯付加税というのが導入されて，旧東側の財政を支えるような形の対応が取られてきました。これは今後なくなる予定です。ただ，第1波の段階で売上税の税率引下げについて，メルケル首相は，延長はないと明言していたのです。現状どうなっているのかは不明ですが，付加価値税の増税で財政の回復は，あまり考えていないのではないかなと思いますが，連帯付加税を念頭に置いたような議論が

少し見られるようになっていましたので，その点では，先生からするとばかげた税制というところになるのかもしれませんが，ドイツでは若干そういうような議論が見られる，とこういう状況です。

　それから，私への質問ではないのかもしれませんが，納税の徴収の緩和について，これは私，既にかつてほかのところで論文を発表させていただいておりますが，ドイツでは衡平性の措置として徴収手続，換価の手続も含めて猶予だとかそういった措置に対する運用が日本よりも比較的柔軟に行われている。これを要件を変えずにさらに柔軟化するというのが今回の対応として示されていますので，その点ではドイツのほうでは日本よりも手厚い保護が行われているのではないかなと思います。その点は大いに参考にしていくところではないかなと考えているところがあります。

司会　これが最後の質問になりますが，奥谷会員に対して鶴田会員より，1点のみということで質問が出ております。これは質問用紙を読み上げさせていただいてよろしいでしょうか。

鶴田（関西大学）　結構です。

司会　ドイツの経験を踏まえての日本への示唆を得るとのことで，消費税率の引下げの是非が論じられたと思いますが，日本で消費税率の引下げをどのような形で行うことが望ましいとお考えでしょうか。引下げの期間，引下げ率などについてご教示いただければと思います。奥谷

会員，回答をお願いします。

奥谷（広島修道大学） これは非常に難しいところがあります。引下げ率ですとかその辺はなんとも言いにくいところがありますが，引下げの期間は少なくとも1年以上，できれば長期的なもののほうがいいだろうとは思います。それをやることで引下げ率が少なくて済むのかもしれませんが，いずれにしても，ドイツの今の評価を見ている限りでは，半年とかそういった短期間ですべきではないだろうと思います。イギリスの13か月というのでそれなりの効果があったと言われていることから考えれば，1年以上は必要であろうと考えています。

また，移行との関係で準備期間が長いほうがいいのだろうということもありますが，準備期間をあまり長く取ってしまうと，今度はたぶん，経済対策としては時間がなくなってしまうというところもあるので，より現実的な着地点としては，これまでの8％に戻してしまうというのが一番，準備期間も短く，やりやすいのかもしれません。そのあたりはいろいろな要素を考えないといけないので，明確に言えることは，引下げ期間は1年以上の長い期間がいいだろうという点でしかお答えができないところになります。

司会 司会の不手際で，事前に質問をいただいた会員方の中で時間の関係で質問していただけなかった方々がいらっしゃいました。最後にお詫び申し上げます。以上で，討論を終わらせていただきたいと思います。ご協力どうもありがとうございました。

資料　梅原会員

図 1

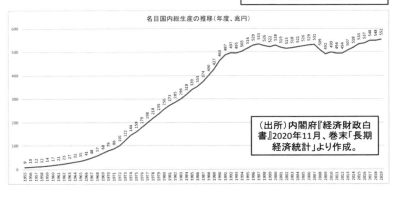

図 2

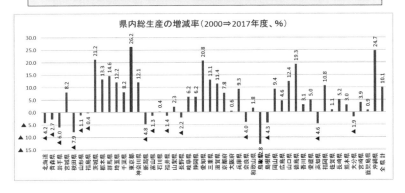

（出所）内閣府経済社会総合研究所『県民経済計算』各年度版より作成。

7

図3

デフレ経済の要因の1つとしての
公的総固定資本形成（一般政府）の減少（90年代の6割程度）

図4

公的総固定資本形成の減少は
地方政府での減少（ほぼ半減）による

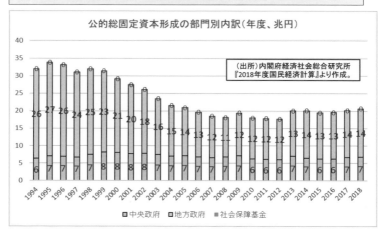

図5

東京都・沖縄県・被災地以外では地方公共事業は減少

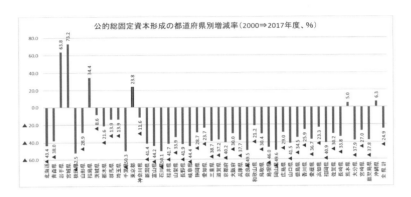

（出所）内閣府経済社会総合研究所『県民経済計算』各年度版より作成。

図6

2000年代に進行した地方財政の収縮
（「集権的分散システム」における分散度の低下）

- 国の一般会計
  予算（当初）の
  増加
  60兆円台⇒100
  兆円台

- 地方財政計画
  は2000年代に
  縮小
  2001年度ピー
  ク89兆円⇒2010
  年ボトム82兆円
  ⇒ 最近90兆円

図7

地方財政の収縮、地方公共事業の半減と デフレ経済下の地域間格差の進行

- 歳出決算額　ピーク99年度102兆円　⇒ボトム07年度89兆円　⇒最近98兆円
- 普通建設事業費　95年度31兆円　⇒　08年度13兆円　⇒最近14〜15兆円
- 地方財政、地方公共事業の収縮　⇒　地方経済を衰退
  　⇒　デフレ経済下の東京集中、地域間格差の拡大
- その背景——「国土の均衡ある発展」論の否定、国の財政健全化優先、
  　法人減税・所得減税・消費増税策　⇒　地方交付税抑制策

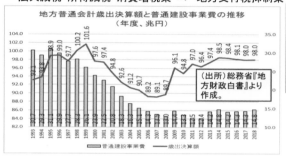

かかる政策を行いつつ地方の不満をなだめるため、地方団体を分断し、東京都に偏在する地方法人2税などの再分配で代替しているのが現在の姿では？

（出所）総務省『地方財政白書』より作成。

12

表1

地方財政の歳入構造 ～地方交付税の減少、地方譲与税の増加～

地方普通会計歳入決算額（都道府県・市町村純計）						（単位：兆円）	
年度	地方税	地方譲与税	地方交付税	国庫支出金	地方債	その他	合計
2000	35.5	0.6	21.8	14.4	11.1	16.8	100.3
2001	35.5	0.6	20.3	14.5	11.8	17.2	100.0
2002	33.4	0.6	19.5	13.2	13.3	17.1	97.2
2003	32.7	0.7	18.1	13.2	13.8	16.5	94.9
2004	33.5	1.2	17.0	12.4	12.3	17.0	93.4
2005	34.8	1.8	17.0	11.9	10.4	17.0	92.9
2006	36.5	3.7	16.0	10.3	9.6	15.2	91.5
2007	40.3	0.7	15.2	10.3	9.6	15.1	91.2
2008	39.6	0.7	15.4	11.7	10.0	14.9	92.2
2009	35.2	1.3	15.8	16.4	12.4	16.9	98.4
2010	34.3	2.1	17.2	14.3	13.0	16.6	97.5
2011	34.2	2.2	18.8	16.0	11.8	17.2	100.1
2012	34.5	2.3	18.3	15.6	12.4	16.9	99.8
2013	35.4	2.6	17.6	16.5	12.3	16.8	101.1
2014	36.8	2.9	17.4	15.5	11.5	17.9	102.1
2015	39.1	2.7	17.4	15.0	10.7	16.8	101.9
2016	39.4	2.3	17.2	15.7	10.3	16.4	101.5
2017	39.9	2.4	16.8	15.5	10.6	16.1	101.3
2018	40.8	2.7	16.5	14.9	10.5	16.0	101.3

（出所）総務省『地方財政白書』各年度版より作成。

13

表2

地方一般財源における地方交付税の減少と比重の低下
～しかも地方交付税には地方法人税分を含む～

地方税、地方譲与税、地方交付税の推移（都道府県・市町村純計）

年度	決算額・億円				構成比(%)			
	地方税	地方譲与税	地方交付税	計	地方税	地方譲与税	地方交付税	計
1990	334,504	16,627	143,280	494,411	67.7	3.4	29.0	100.0
1991	350,727	17,193	148,887	516,808	67.9	3.3	28.8	100.0
1992	345,683	18,778	156,792	521,253	66.3	3.6	30.1	100.0
1993	335,913	20,224	154,351	510,488	65.8	4.0	30.2	100.0
1994	325,391	19,050	155,320	499,760	65.1	3.8	31.1	100.0
1995	336,750	19,393	161,529	517,672	65.1	3.7	31.2	100.0
1996	350,937	19,970	168,891	539,798	65.0	3.7	31.3	100.0
1997	361,555	10,805	171,276	543,636	66.5	2.0	31.5	100.0
1998	359,222	5,952	180,489	545,663	65.8	1.1	33.1	100.0
1999	350,261	6,089	208,642	564,993	62.0	1.1	36.9	100.0
2000	355,464	6,202	217,764	579,430	61.3	1.1	37.6	100.0
2001	355,488	6,240	203,498	565,225	62.9	1.1	36.0	100.0
2002	333,785	6,342	195,449	535,576	62.3	1.2	36.5	100.0
2003	326,657	6,940	180,693	514,291	63.5	1.3	35.1	100.0
2004	335,388	11,641	170,201	517,230	64.8	2.3	32.9	100.0
2005	348,044	18,490	169,587	536,121	64.9	3.4	31.6	100.0
2006	365,062	37,285	159,954	562,300	64.9	6.6	28.4	100.0
2007	402,668	7,146	152,027	561,841	71.7	1.3	27.1	100.0
2008	395,585	6,788	154,061	556,434	71.1	1.2	27.7	100.0
2009	351,830	12,966	158,202	522,997	67.3	2.5	30.2	100.0
2010	343,163	20,692	171,936	535,791	64.0	3.9	32.1	100.0
2011	341,714	21,699	187,523	550,936	62.0	3.9	34.0	100.0
2012	344,608	22,715	182,898	550,221	62.6	4.1	33.2	100.0
2013	353,743	25,588	175,955	555,286	63.7	4.6	31.7	100.0
2014	367,855	29,369	174,314	571,537	64.4	5.1	30.5	100.0
2015	390,986	26,792	173,906	591,684	66.1	4.5	29.4	100.0
2016	393,924	23,402	172,390	589,716	66.8	4.0	29.2	100.0
2017	399,044	24,052	167,680	590,776	67.5	4.1	28.4	100.0
2018	407,514	26,509	165,482	599,505	68.0	4.4	27.6	100.0

（出所）自治省・総務省『地方財政白書』各年度版より作成。

14

表3

都道府県で顕著な地方譲与税の比重の高まりと
地方交付税の後退

地方税、地方譲与税、地方交付税の推移（都道府県）

年度	決算額・億円				構成比(%)			
	地方税	地方譲与税	地方交付税	計	地方税	地方譲与税	地方交付税	計
1990	173,532	8,021	78,896	260,449	66.6	3.1	30.3	100.0
1991	179,848	8,293	81,573	269,714	66.7	3.1	30.2	100.0
1992	166,268	9,157	82,080	257,505	64.6	3.6	31.9	100.0
1993	156,159	9,810	80,878	246,847	63.3	4.0	32.8	100.0
1994	153,525	8,630	81,531	243,686	63.0	3.5	33.5	100.0
1995	157,287	8,706	84,364	250,357	62.8	3.5	33.7	100.0
1996	166,083	8,960	88,628	263,670	63.0	3.4	33.6	100.0
1997	168,726	3,945	87,771	260,442	64.8	1.5	33.7	100.0
1998	172,374	1,286	92,728	266,388	64.7	0.5	34.8	100.0
1999	164,330	1,307	111,323	276,960	59.3	0.5	40.2	100.0
2000	174,561	1,323	117,829	293,713	59.4	0.5	40.1	100.0
2001	174,063	1,330	110,753	286,146	60.8	0.5	38.7	100.0
2002	155,562	1,385	108,178	265,125	58.7	0.5	40.8	100.0
2003	154,260	1,742	99,785	255,786	60.3	0.7	39.0	100.0
2004	163,069	4,030	93,082	260,180	62.7	1.5	35.8	100.0
2005	171,374	8,536	92,216	272,126	63.0	3.1	33.9	100.0
2006	183,452	23,586	86,223	293,261	62.6	8.0	29.4	100.0
2007	207,940	1,775	81,762	291,477	71.3	0.6	28.1	100.0
2008	200,121	1,623	81,195	282,939	70.7	0.6	28.7	100.0
2009	165,088	8,103	81,841	255,033	64.7	3.2	32.1	100.0
2010	159,323	15,933	87,665	262,920	60.6	6.1	33.3	100.0
2011	157,354	17,037	96,977	271,368	58.0	6.3	35.7	100.0
2012	161,167	18,309	93,171	272,648	59.1	6.7	34.2	100.0
2013	168,092	21,368	88,489	277,949	60.5	7.7	31.8	100.0
2014	177,940	25,346	88,788	292,074	60.9	8.7	30.4	100.0
2015	201,426	22,575	88,457	312,461	64.5	7.2	28.3	100.0
2016	202,516	19,248	90,500	312,265	64.9	6.2	29.0	100.0
2017	205,428	19,909	86,593	311,930	65.9	6.4	27.8	100.0
2018	206,201	22,323	85,677	314,201	65.6	7.1	27.3	100.0

（出所）自治省・総務省『地方財政白書』各年度版より作成。

15

日本租税理論学会規約

（1989年12月 9 日　制定）
（2002年11月16日　改正）
（2011年11月12日　改正）
（2019年12月 7 日　改正）

第 1 章　総　　則

第 1 条　本会は、日本租税理論学会（Japan Association of Science of Taxation）と称する。

第 2 条　本会及び事務局は、日本国内に置く。

第 2 章　目的及び事業

第 3 条　本会は、租税民主主義の理念に立脚し、租税問題を関連諸科学の協力を得て総合的・科学的に研究することを目的とする。

第 4 条　本会は、前条の目的を達成するために、左の事業を行う。

　　1　研究者の連絡及び協力促進

　　2　研究会、講演会及び講習会の開催

　　3　機関誌その他図書の刊行

　　4　外国の学会との連絡及び協力

　　5　その他理事会において適当と認めた事業

第 3 章　会員及び総会

第 5 条　本会は、租税問題の研究にたずさわる者によって組織される。

第 6 条　会員になろうとする者は、会員 2 人の推薦を得て理事会の承認を受けなければならない。

第 7 条　会員は、総会の定めるところにより、会費を納めなければならない。 3 年の期間を超えて会費を納めない場合は、当該会員は退会したものとみなす。

第 8 条　本会は、会員によって構成され、少なくとも毎年 1 回総会を開催する。

第 4 章　理事会等

第 9 条　本会の運営及び会務の執行のために、理事会を置く。

　理事会は、理事長及び若干人の理事をもって構成する。

第 10 条　理事長は、理事会において互選する。

　理事は、総会において互選する。

第 11 条　理事長及び理事の任期は、3 年とする。但し、再任を妨げない。

第 12 条　理事長は、会務を総理し、本会を代表する。

第 12 条の 2　理事会内に若干人の常任理事で構成する常任理事会を置く。任期は 3 年とする。但し、再任を妨げない。

第 13 条　本会に、事務局長を置く。

　事務局長は、理事長が委嘱する。

第 14 条　本会に、会計及び会務執行の状況を監査するために、若干人の監事を置く。

　監事は、総会において互選し、任期は 3 年とする。但し、再任を妨げない。

第 14 条の 2　理事会は、本会のために顕著な業績のあった者を顧問、名誉会員とすることができる。

第 5 章　会　計

第 15 条　本会の会計年度は、毎年 1 月 1 日に始まり、その年の 12 月 311 日に終わるものとする。

第 16 条　理事長は、毎会計年度の終了後遅滞なく決算報告書を作り、監事の監査を経て総会に提出して、その承認を得なければならない。

第 6 章　改　正

第 17 条　本規約を改正するには、総会出席者の 3 分の 2 以上の同意を得なければならない。

附　則

第 1 条　本規約は、1989 年 12 月 9 日から施行する。

租税理論研究叢書 31

令和 3 年10月30日　初版第 1 刷発行

企業課税をめぐる内外の諸課題

編　者　日　本　租　税　理　論　学　会
発行者　日　本　租　税　理　論　学　会

　　　　〒603-8577　京都府京都市北区等持院北町56-1
　　　　立命館大学法学部共同研究室内（望月　爾）

発売所　株式会社　財経詳報社

　　　　〒103-0013　東京都中央区日本橋人形町1-7-10
　　　　電　話　03（3661）5266（代）
　　　　ＦＡＸ　03（3661）5268
　　　　http://www.zaik.jp

落丁・乱丁はお取り替えいたします。　　　　印刷・製本　創栄図書印刷
©2021　　　　　　　　　　　　　　　　　Printed in Japan 2021
　　　　　　　ISBN　978-4-88177-484-7

租税理論研究叢書

日本租税理論学会編　　　　　　　　　　　　各Ａ５判・150〜250頁

25　国際課税の新展開　　　　● 3080円（税込）

リーマン・ショック後の国際課税制度，居住地国課税原則をめぐる社会変化，電子商取引と国際二重課税，租税条約適用の問題点，グローバル化の中での我が国の対応，通商的側面からの消費税，BEPSと国際課税原則などを掲載。

26　中小企業課税　　　　● 3080円（税込）

中小企業の課税状況の現状と今後の課題から，アメリカの法人税改革Ｓ法人課税，外形標準課税の中小企業への拡充問題，中小企業会計基準の複線化に伴う公正処理基準などを取り上げ，討論や一般報告も収録。

27　消費課税の国際比較　　　　● 3080円（税込）

わが国における消費税引上げに伴う一連の展開を受けて，英国，ドイツ，カナダ，EUなど諸外国の消費税についての研究報告を中心に，消費税の国際比較に関する討論や税理士のあり方，英国の高額所得課税などの研究報告も掲載。

28　所得概念の再検討　　　　● 3080円（税込）

イギリス型の支出税構想，ドイツの市場所得概念から，わが国の法人税法上の課税所得概念のあり方に至るまで，所得概念に関する研究報告を踏まえて，研究者と実務家が一体となって，多角的に討論を展開する。

29　税制改革の今日的課題　　　　● 3080円（税込）

所得税，法人税，相続税の現状，トランプ税制改革から英国税制，ドイツの企業税改革などの研究報告とともに，シンポジウムでは，日・米・英・独など税制改革の今日的な課題について議論が展開される。

30　租税上の先端課題への挑戦　　　　● 3080円（税込）

タックス・ジャスティス，プラットフォーマー，クラウドファンディング，暗号資産取引，シェアリングエコノミー，デジタル化・グローバル化，韓国における納税者権利保護，東アジアの儒教的経営などの分析報告と多角的な議論。

表示価格は本体（税別）価格です　　　　　　　10号〜24号のバックナンバーもございます